スーツ姿を大人かっこよくするカット＆パーマ

大人男子のパーマBOOK

加藤孝子 [ROOTS]

Takako Kato [ROOTS]

SHINBIYO SHUPPAN

Contents

P5 Message　はじめに

P6　Men's Permed Hair Design
大人男子のパーマデザイン

P40　Styling Variation　スタイリング バリエーション

P45　Approach for men　大人男子へのパーマ・アプローチ法

P46　Detail Catalog　バング・サイド・ネープ・質感のディテール

P50　Men's Perm Case Study　パーマデザイン テクニック

P96　3Basic Style　Cut&Perm Technique
大人男子のカット＆パーマ　スーツに似合う基本の3スタイル

P98　ベリーショート

P104　ショートグラデーション

P110　ショートミディアム

P116　メンズならではの注意点とポイント

P120　どこが違う？　OKなメンズパーマとNGなメンズパーマ

P122　Technique Rescue　髪質＆骨格の悩み対応テクニック

P130　奥付

Cover Illustration by Yukiko Otsuka

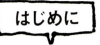

なぜ大人男子にこそ、パーマが必要なの?

いまの30代男子は、10～20代で多数のメンズヘアカタログに触れ、様々なヘアスタイルを楽しんできた世代。ヘアに対する意識が高いことも特徴です。でも30代に差し掛かると、ただおしゃれなだけでなく、社会人としての身だしなみも必要ですね。おしゃれでありながらスーツに似合う清潔感や、大人ならではのこなれ感、「仕事がデキる男」を演出できるヘアが欲しいのです。その一方、薄毛やクセ毛などで、スタイリングが決まりにくいという悩みが現れ出す時期。そんな悩みを一挙に解決できるのがパーマです。

大人男子パーマにはたくさんのメリットがあります

加齢とともに薄毛、軟毛になるのは、多くの男性が抱える悩み。サロンでも20代後半からトップやフロントの毛量が減ったり、ヘムラインが軟毛・クセ毛化する例をたくさん見てきています。日本人はハチ張り・ゼッペキが多いので、トップがつぶれるとフォルムが四角く、頭がますます大きく見えてしまいます。でもパーマでボリュームを立体的に補正すれば、一回り小顔、小頭を実現できます。

一方、多毛・剛毛のクセ毛で膨れたり暴れたりする髪も、怖そうに見えたり、粗雑に見えたりして、ビジネスではマイナスですよね。パーマで髪を柔らかく落ち着かせることで、「人当たりのいい」柔和な雰囲気を作ることができます。

また、直毛すぎて髪に動きやボリュームが出ない人は、寂しい雰囲気や幼い雰囲気になりがち。これもパーマで動きや立ち上がりを出すことで、躍動感のある活発な印象にチェンジすることができます。それに伴って毎日のスタイリングとキープが格段に楽になりますし、アレンジも効きやすくなり、オンとオフの作り分けがとても簡単になります。

パーマ比率が上がりにくいからこそ、メンズパーマを、

一度気に入ってもらえると、リピート率がとても高いのもメンズパーマの特長です。私はメンズのお客様にこそ、パーマをオススメする時代だと思っています。

ただしメンズにはレディースとは違う考え方、違うテクが必要。でもこの本でコツを覚えれば、誰でも簡単に取り入れられるテクニックだと思います。パーマ比率を上げたいなら、いまこそターゲットを絞って研究し、積極的なアプローチをかけてみるべきではないでしょうか?

メンズのお客様は長いおつきあいになることが多いからこそ、「いつもの感じで」ではなく、美容師側から新しい提案をし、わくわくさせてあげたいのです。この本でご紹介したカットとパーマのテクを活用して、大人男子のスーツ姿をさらにカッコよくしていただければと思います!

加藤孝子

Men's Permed Hair Design

大人男子のパーマデザイン

この本は30代からの大人男子に、スーツが似合う清潔感や躍動感、
こなれ感のあるヘアをカット&パーマで提案していきます。
大人ならではの様々な悩みに対応しつつ「仕事がデキる男」
「若々しく洗練された印象」を演出するスタイルとテクニックが満載です。

30代からの大人男子の様々な悩みを、

Before

大人になると増えてくる髪質や骨格の問題で
スタイリングがしづらい、フォルムが保てない…

Cut After

カットである程度は解決してもキープ力が不足。
躍動感やこなれ感、洗練度もプラスしたい

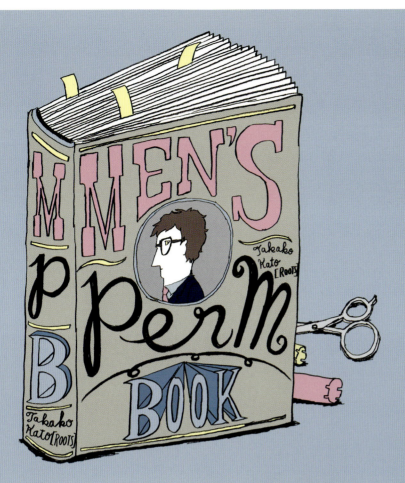

パーマで解決する!
Perm After

メンズパーマならではのポイントをマスターして
髪質、骨格、印象、スタイリングなど、
あらゆる悩みを解決!

パーマで毛量や骨格の悩みを一挙に解決!

加齢と共に増えてくる髪の悩み。もともと硬毛や多毛の人も、トップやバング、生え際だけは薄くなることが多く、ゼッペキやハチ張りが目立ちやすくなります。そんな毛量・骨格の問題を、パーマなら一挙に解決。素材対応に強力な威力を発揮します!

パーマで柔和な雰囲気や、「好印象」をつくる

ストレートな質感は、人によっては「堅苦しさ」「威圧感」「子供っぽさ」「寂しさ」につながることも。パーマの躍動感がある柔らかな質感は、表情を明るくし、「人当たりのいい」柔和な印象を与えます。ビジネスに必要な「好印象」作りにもパーマは大いに役立ちます。

パーマでスタイリングを簡単に!オンとオフも楽しめる

仕事上の責任と忙しさが増すけれど、おしゃれも楽しみたい世代。ヘアスタイルはオンとオフで切り換えて、プライベートも充実させたいですね。ストレートではキープ力が低く、バリエーションがつきにくいヘアも、パーマをプラスすれば、オンもオフも簡単なスタイリングでOKに。

パーマで大人のこなれ感を演出。洗練度もアップ!

20代ならツンツンした質感もかっこよく見えますが、大人男子には不向き。パーマで、大人ならではのこなれ感、品の良い色気、華やかさなどを加えれば、アンチエイジングも期待できます。女性と違ってメイクをしない男性だからこそ、その効果はより大きいのです。

Style 1 動きの出づらい直毛の硬毛を、パーマで躍動感のあるスタイルに

Before

太くて硬い直毛。動きが出づらく、頭が四角く張って大きく見えやすい

- トップがペタっとして、頭が四角く見える
- 硬くて直毛なので、動きが出ない
- まっすぐなバングは少し子供っぽい

- バングもペタっとしやすい
- ハチ周りにボリュームが出てしまう
- 直毛なので、ゼッペキが目立ってしまう
- スタイリングしても動きがキープしづらい

Cut After

太い硬毛は、パーマで柔らかさを出すために、ミドルとトップをイメージよりやや長めに残す

- トップからミドルはやや長めに残す
- 小頭フォルムになったが、直毛だとやや幼い雰囲気…
- サイドは2ブロックですっきり短く
- 動きが出るように、Wバングにカット

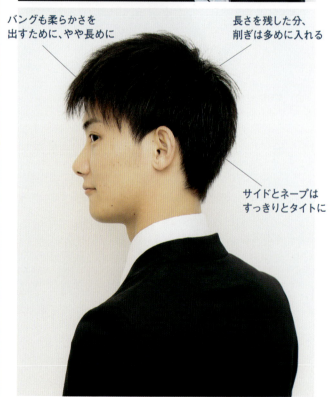

- バングも柔らかさを出すために、やや長めに
- 長さを残した分、削ぎは多めに入れる
- サイドとネープはすっきりとタイトに

Men's Perm Book

Perm After

トップからミドルの柔らかな動きが、
躍動感を出し、洗練された印象に

- 長めに残したトップからミドルが、柔らかな動きを表現
- ウイービング巻きで、スーツに違和感のない質感
- パーマ感があっても、ヘムラインすっきりで好印象
- 縦長感のあるフォルムで小頭に
- 躍動感が出て、爽やかでアクティブな雰囲気に
- 浮かせて流れるバングで、洗練度をアップ

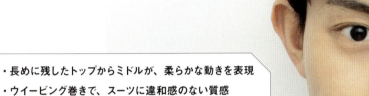

▎オススメのポイント★

男子に多い硬毛の直毛は動きが出にくく、バングの浮きや毛流れを作りにくいので子供っぽく見えがち。またハチ周りが膨らみやすく、頭が四角く大きく見える原因に。このような髪質はトップからミドルをやや長めに残し、パーマで質感を柔らかくチェンジしてあげると、大人っぽく洗練された雰囲気になります。また、スタイリングがとても楽になります。

Style 2 全体的に貼り付いてしまう毛流れを、軽やかで爽やかな印象に

Before

普通毛だが顔周りに貼りついてしまう毛流で、寂しい雰囲気になりやすい

- 硬さ、量共に普通毛だが、顔周りに貼りつく毛流で寂しい印象
- トップがつぶれて頭が四角く見える
- ヘムラインにハネるクセ有

- 直毛なのでゼッペキが目立つ
- トップにボリュームが出て、頭が大きく見える
- 全体に動きがなく、おとなしい雰囲気に
- ネープは毛量がたまりやすい

Cut After

L→Gで後頭部に丸みを持たせた、メリハリのあるマッシュ系

- バングは毛流れが出るようにアシンメトリーにカット
- 立体的なフォルムになったが、寂しい印象…
- もみあげ部分はディスコネさせてタイトに

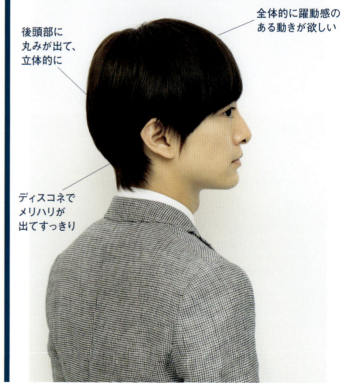

- 後頭部に丸みが出て、立体的に
- 全体的に躍動感のある動きが欲しい
- ディスコネでメリハリが出てすっきり

Men's Perm Book

Perm After

大きめロッドのウイービングパーマで、
柔らかさと華やかさをプラス

- 柔らかな質感と動きでラグジュアリー感をプラス
- エアリー感がマッシュベースを軽く見せる
- ヘムラインは巻かないので、
  スーツに違和感なくフィット
- 後頭部に動きが出て、立体感と奥行きがアップ
- バングにふんわりした浮きが出て、爽やかに

オススメのポイント★

真っ直ぐ落ちる毛流や軟毛などが原因で、バングが額にぺったり貼りつくと、寂しい印象になるばかりでなく、老けて見えがちです。爽やかさも損ない、ビジネスにはマイナス。大人のスーツ姿には、軽く浮き上がりつつ流れて、額を見せる「流しバング」がマストです。髪質的にスタイリングだけではキープできない悩みにこそ、パーマが威力を発揮します。

Style 3 細毛をパーマでボリュームアップしつつ、ウエーブスタイルに

Before

細くて軟毛、バックは根元が寝てしまう髪質でフォルムがつぶれやすい

- 毛量が少なくフォルムがつぶれやすい
- 細くて軟毛。全体がボリュームダウンしやすい
- 特にバングがつぶれて、若々しさを損ないがち

- 根元に力がないのでよりゼッペキが目立つ
- アンダーがたまって重くなっている
- 髪質的に動きや立ち上がりがつきにくくキープしにくい

Cut After

削ぎは極力少なく。さりげないディスコネでメリハリのついた立体感を

- ウエーブ感を出すため、トップ、ミドルは長めの設定
- 髪質的に削ぎは極力少なくしておく
- サイドとネープを締めて、ひし形シルエットに
- バングは立ち上げて、躍動的な大人感を出したい

- 動きと立ち上がりを出して、洗練度を上げたい
- LとGの組み合わせで、フォルムが立体的に
- ウエイトポイントが上がり、ゼッペキが補正

Men's Perm Book

Perm After

スパイル巻き＋ウイービング巻きで、
躍動感と柔らかなボリューム感をプラス

- スパイラル巻きのフルパーマで、色気のあるウエーブヘアに
- ヘムラインは逆巻きのスパイラルで、タイトなハネ感
- バングは立ち上げて流し、洗練された大人感をプラス
- 軟毛なのでカーリング料で柔らかな質感に
- ヘムラインはすっきりさせて、ウエーブヘアを品よく
- 大人のスーツ姿に似合う、洗練度がアップ

オススメのポイント★

軟毛・細毛・毛量の減少によるボリュームダウンは、大人男子共通の悩み。寂しい印象、弱々しい印象を与えかねず、ビジネス上もマイナスです。この問題こそ、パーマが最も得意とする分野。フルパーマでトップを強めにしたボリューム感や質感でも、サイドやネープのヘムラインをすっきりさせておけば、スーツ姿に違和感なくフィットします。

Style 4 軟毛にポイントパーマで動きを出して、男らしい爽やかさをプラス

Before

全体的に軟毛、
ミドルは多毛でトップが四角くつぶれがち

- フロントとトップがつぶれがちで頭が四角く見える
- M字バング気味でペタっとしやすく、少し寂しい印象…
- ミドルの毛量が多く、ハチ張りに見える

- フロントからトップと、バックの量感バランスが悪い
- ミドルが膨らんで、頭が大きく見える
- ウエイトが下がって、バックが重くて丸い
- サイドやネープはクセが強く膨らみやすい

Cut After

量感バランスをL→G→Lの構成で解消。
ひとまわり小頭に

- トップのLで縦長になったが、もう少し高さが欲しい
- フォルムがコンパクトになり、ハチ張りが解消
- バングセクションを深めに取り、厚みのある短めバングに

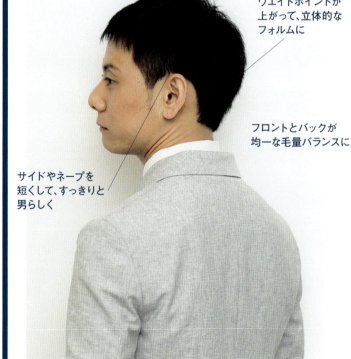

- ウエイトポイントが上がって、立体的なフォルムに
- フロントとバックが均一な毛量バランスに
- サイドやネープを短くして、すっきりと男らしく

Men's Perm Book

Perm After

ミニマムなポイントパーマで、
躍動感と爽やかさを加える

- つむじ中心にアップステムのスパイラル巻き
- 10本以内のポイントパーマで、
  動きと立ち上がりを出す
- トップに高さが出て、男らしい縦長のフォルムに
- すっきりさせたサイドやネープとのコントラストで、
  爽やかな印象
- トップの動きがキープできて、スタイリングが簡単に
- バングの立ち上がりも、しっかりキープできる

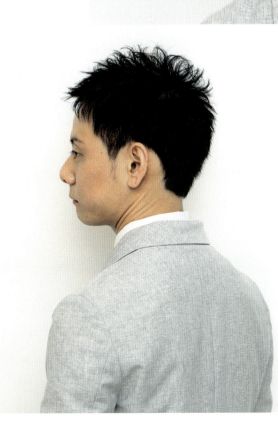

オススメのポイント★

量の多い場所と少ない場所、クセで膨らみやすい場所とつぶれやすい場所、という風に、部位によって髪質が異なってくる「ミックス毛」も大人男子の代表的な悩み。カットでできるだけ量感を整え、動きやボリューム感をプラスしたい場所はポイントパーマでフォローすると、フォルムが格段にかっこよくなると共に、スタイリングが一日中キープできるようになります。

Style 5　量が多くクセ毛で膨らむ髪を、パーマでツヤを出しつつボリュームダウン

Before

強いクセ毛で毛量が多く、膨らんで四角いフォルムになりすい

- 硬さは普通だが、クセが強く毛量が多い
- 髪質で、ハチ張りがさらに強調
- 膨らむと洗練度が欠けてしまう
- ツヤの出にくい髪質でパサついて見えがち

- 頭が四角く大きく見える
- 全体的に乱れた質感になりがち
- スタイリングで抑えてもキープできない

Cut After

ウエイトを高めに設定し、ディスコネでアンダーを抑えて、程よくタイトに

- 全体的にクセを抑えて、もう少しなめらかな質感にしたい…
- トップのLでハチ周りをタイトに
- スポーティになり過ぎない長さをキープ
- ダブルバングでクセを出にくく

- ミドルはGで奥行と立体感を出す
- 削ぎはしっかり入れて、量感をコントロール
- サイドはツーブロックネープはディスコネでタイトに

Men's Perm Book

Perm After

ビッグロッドでクセを取りながらツヤを出し、
柔らかなCカールに

- サイドが締まり、コンパクトなひし形フォルムに
- 柔らかな動きと質感で、洗練度がアップ
- クリームシス＋ビッグロッドでクセ毛がなめらかに
- バックは逆巻きでタイトに抑える
- バングのクセが整って、端正な雰囲気
- 後頭部の奥行感が出て立体的に

オススメのポイント★

非常にクセが強く量も多い髪質は、膨らんで、ビジネスに不向きなワイルドさや野暮ったさが出てしまいがち。ハードなスタイリング剤で固めてしまうことも多いのでは。しかし、粘性のあるパーマ剤＋ビッグロッドやサーマルペーパーで、クセを伸ばしながら程よい質感を作ると、スーツに似合う端正で柔らかなスタイルにチェンジできます。

Style 6 軟毛の髪質に、躍動的な動きを加えてアクティブなイメージに

Before

細くて軟毛だが、サイドの耳上は立ち上がる生えグセなので、頭が四角く見えやすい

- 直毛で、頭の形がそのまま出やすい
- トップがつぶれて、ハチ張りが目立つ
- 軟毛過ぎて、力強さに欠ける印象
- まっすぐ落ちて割れるバングは貧相に見える

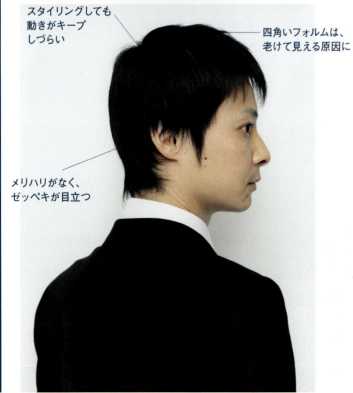

- スタイリングしても動きがキープしづらい
- 四角いフォルムは、老けて見える原因に
- メリハリがなく、ゼッペキが目立つ

Cut After

トップのレイヤーで高さを出し、サイドはツーブロックでタイトにして縦長フォルムに

- トップのレイヤーで、縦長気味のフォルムに
- バングの内側を削り、割れるクセを弱めた
- ストレートのままだと、少し子供っぽい印象…

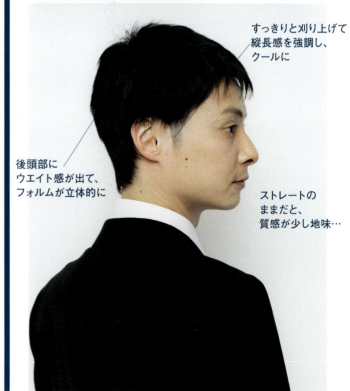

- すっきりと刈り上げて縦長感を強調し、クールに
- 後頭部にウエイト感が出て、フォルムが立体的に
- ストレートのままだと、質感が少し地味…

Men's Perm Book

Perm After

フォルム補正と共に、
全体にランダムで躍動的な動きをプラス

- 縦長感のあるひし形フォルムで、若々しく変化。
- 立ち上がりのあるバングで、大人っぽく明るい表情に
- ランダムな質感で、爽やかな男っぽさを演出
- 全体に動きが出て、躍動的なイメージ
- 立ち上がりでフォルムが補正され、洗練度が増した
- ネープやもみあげとのなじみ方がナチュラル

▌オススメのポイント★

軟毛で直毛の髪質は、骨格の欠点がそのまま出てしまうので、フォルムが四角くなりがち。それが老けて見えたり、貧弱に見えてしまう原因になります。スタイリングしてもキープできない、という悩みも多いはず。この髪質の人こそ、パーマが必須メニュー。一度成功すると、ずっとパーマのリピーターになってくださる率がとても高いのです。

Style 7 ミックス毛の質感をパーマで整えて、爽やかな躍動感を出す

Before

直毛とクセ毛が入り混じり、
パーツごとに毛量も異なるアンバランスな髪質

- ミドルの毛量が多く、ハチ張りに見える
- 加齢により毛量、毛質にムラがある
- 直毛でフロントの毛量が少なく、バングが貼り付きやすい

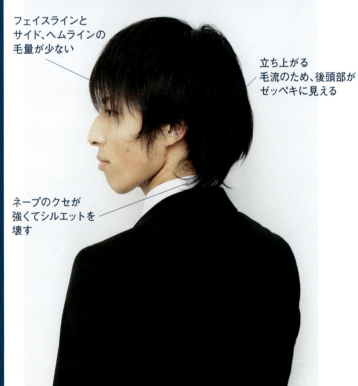

- フェイスラインとサイド、ヘムラインの毛量が少ない
- 立ち上がる毛流のため、後頭部がゼッペキに見える
- ネープのクセが強くてシルエットを壊す

Cut After

L→G→Gの構成。毛流が暴れる部分を取り、髪質を均一に近づける

- トップのLでひし形に近づいたが、もう少し高さが欲しい
- ミドルの内側をしっかり削いだのでフォルムバランスが良くなった
- ダブルバングで内側に浮きを作り、バングを補正

- 髪質が整ったが、直毛過ぎて躍動感に欠ける
- 毛量バランスが整って、洗練された印象
- ネープ内側の暴れる毛流を取り、すっきりタイトに

Men's Perm Book

Perm After

スパイル巻き＋ウイービング巻きで、
躍動感と柔らかなボリューム感をプラス

- トップのツイスト・スパイラル巻きで躍動感を出し、爽やかな雰囲気に
- サイド、バック、バングはウイービング巻きで、ナチュラルな質感
- トップに高さが出て、全体のフォルムがより立体的に
- バングは立ち上げながら流すこともできる
- パーマの動きで、後頭部の奥行き感がアップ
- ネープは太いロッドで、クセを矯正しながら質感を出す
- タイトに抑える、ラフに動かす、どちらもOKな質感

オススメのポイント★

ヘムラインは毛量が少なく、ミドルは多すぎるという悩みは、今の30代に非常によくみられるケースです。またそれに伴って、ヘムラインの毛流が強くなりがち。パーマ前にきれいな毛流だけが残るようにカットし、削ぎで全体の量感を揃えておくことが大切。さらにクセの強い部分は、太めロッドで矯正しながら質感を出していくと、ウエーブ感を出すことも、タイトに抑えることも可能なスタイルに。

Style 8 膨らみやすい硬毛に、大人のこなれ感とセクシーさを出すウエーブ

Before

後頭部は膨らみ、フロントはつぶれやすい生えグセのため、頭が大きくみえやすい

- 太く硬く直毛で、毛量が多い
- フロント～トップが寝ると、ハチ張りで頭が四角い印象
- バングは前にまっすぐ落ちて、重い感じに

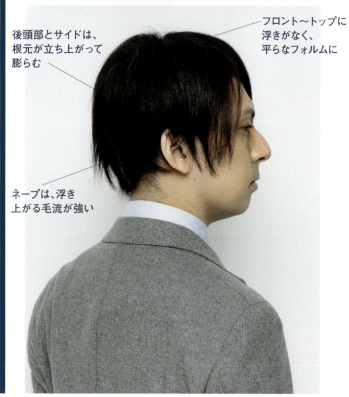

- 後頭部とサイドは、根元が立ち上がって膨らむ
- フロント～トップに浮きがなく、平らなフォルムに
- ネープは、浮き上がる毛流が強い

Cut After

アウトラインはすっきりしたが、毛流による浮きでサイドに余分なボリューム感がある

- 流れやすいように、バングをアシンメトリーに
- ハチ周りは、まだ余分なボリューム感がある
- 刈り上げツーブロックでフォルムをコンパクトに

- レイヤーでフロントトップに浮きが生まれた
- 強い毛流部分を刈り上げて、アウトラインがすっきり

Men's Perm Book

Perm After

ウエーブで大人のこなれ感を出しつつ、全体の毛流を整え、フォルムを補正

- 立ち上がりながら流れるバングで、大人の色気をプラス
- 柔らかなウエーブだが、毛先のシャープさは残して男らしく
- ステムのコントロールで、質感を出しつつハチ周りをコンパクトに
- スクーピング巻きで、ストレートとウエーブがミックスされてナチュラル
- 後頭部とフロント側の毛流れが整って、洗練された印象
- ヘムライン側ほど、ナチュラルな質感

▶ オススメのポイント★

髪質や骨格の問題点を解決して、若々しさを感じさせる、縦長気味のひし形フォルムを作ることがまずは肝心。と同時にパーマの質感で、品のいい色気や華やかさ、優しさをプラスすることも、30代以上には必要です。ただ「若い」だけでは、魅力的な男性には見えません。ある程度のラグジュアリー感が大人の余裕を感じさせ、有能な人間という印象を与えるのです。

Style 9 つぶれがちな軟毛・直毛に立ち上がりを作り、大人感をプラス

Before

軟毛の直毛でペタっとつぶれてしまい、フォルムが保てない

バングが真下に落ちてしまい、子供っぽい印象

軟毛でつぶれやすいので、頭の形がそのまま出る

直毛だと幼い印象で、社会人としてはややマイナス

ゼッペキが目立ってしまう

フォルムが平面的になり、頭が大きく見える

ネープの浮き上がる毛流で、首周りがもたつく

Cut After

フォルムは整ったが、ストレート感が強いと子供っぽい印象

バングのストレート感が、子供っぽい雰囲気…

立体的になったが、もう少しトップの高さが欲しい

直毛過ぎてスタイリングでは、動きが出にくい

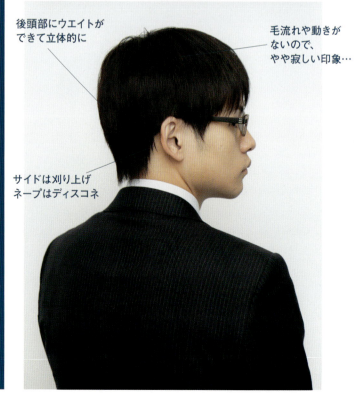

後頭部にウエイトができて立体的に

毛流れや動きがないので、やや寂しい印象…

サイドは刈り上げネープはディスコネ

Men's Perm Book

Perm After

パーマで動きと立ち上がりを出し、
縦長のひし形フォルムにチェンジ

- トップに根元からの立ち上がりが生まれ、縦長で立体的なフォルムに
- バングに自然な浮き感が出て、すっきりと大人っぽい印象
- 全体的に動きが生まれ、社会人にふさわしい躍動感がプラス
- ネープの浮きが収まり、すっきりとシャープな印象
- サイドにも毛流れが出て、爽やかさとこなれ感が出た

▶ オススメのポイント★

男性の軟毛・直毛の悩みは、女性よりも深刻。躍動感や男らしさが出にくい上に、頭の形もそのまま出てしまうからです。しかし、このタイプこそパーマが威力を発揮。フォルムをカットで整えてから、パーマで根元の立ち上がりと毛流れを出すと、スタイリングがとても楽になり、立体的なフォルムがキープできます。

Style 10 まとまりにくい剛毛のクセ毛を、柔らかで洗練された印象に

Before

剛毛でクセ毛のため、ランダムに動き、膨らみ過ぎてまとまらない

- 剛毛でクセ毛なので、膨らみやすい
- バングがぱっくり二つに分かれる
- ワイルド過ぎて、ちょっとコワイ印象に…

- バックのミドルセクションの毛流が特に強い
- うねる毛流でツヤがないバサバサした質感
- ネープが浮き上がりフォルムに締まりがない

Cut After

クセはカットでかなり収まったが、まだ動きが均等ではない

- 毛流が収まる位置のレイヤーでフォルムを整える
- まだ髪質は硬くクセが強い印象
- ツーブロックで内側のクセを取りボリュームダウン

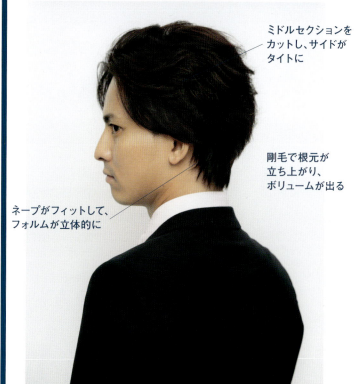

- ミドルセクションをカットし、サイドがタイトに
- 剛毛で根元が立ち上がり、ボリュームが出る
- ネープがフィットして、フォルムが立体的に

Men's Perm Book

Perm After

パーマでツヤとコンパクトなフォルムに補正。
髪質も柔らかな印象にチェンジ

- 全体的にボリュームダウン
- 毛先の方向性が均一になり、動きがなめらかで洗練度アップ
- バングが浮かず、フィットしながら流れる
- 縦長でシャープなフォルムに
- 髪質全体が柔らかく、つややかにチェンジ
- Beforeに比べて、優しく柔らかな雰囲気

オススメのポイント★

剛毛、クセ毛で膨らみやすい髪質は、すぐにフォルムが崩れて、大人の洗練度を保つのが難しいものです。まずカットで暴れるクセを取り去り、パーマで質感を補正していきます。粘性のある薬剤と大きなロッドを組み合わせるのがポイント。クセをパーマで補正すると、本人の扱いやすさがアップするのはもちろん、柔らかで優しい雰囲気を作り出せます。

Style 11 剛毛を柔らかくボリュームダウンして、シャープでスマートに

Before

剛毛＆多毛で膨らみやすい。パーマでよりボリュームが出ることが不安

剛毛で多毛。バングは前に落ちる

ハチは張っているが、本来頭は小さめ

とにかくボリュームが出やすい

ボリュームが出て頭が大きく見える

イア・トゥ・イアより前の毛量が多い

骨格はやや長めの長方形

Cut After

L→G→Lの構成。長すぎず短すぎず、髪が動きやすい長さをキープ

剛毛なので、短くし過ぎると立ち上がる

ダブルバングで、アレンジを効かせやすく

削ぎは通常より多め。根元からしっかりと

ミドルはGで奥行き感を出す

イア・トゥ・イア前後の量感を揃えた

もみあげ部分の内側はソフトな刈り上げ

Perm After

ダウンステムのウイービングパーマで、剛毛を柔らかくボリュームダウン

- トップの立ち上がりはあるがコンパクトなフォルム
- ハチ張りゼッペキがカバーされ、立体的なフォルムに
- アップステムはトップの1～2本のみ。あとはダウンで膨らみを抑える
- ダブルバングで、上げてすっきりさせることも下ろし気味もOK
- パーマで剛毛が柔らかい動きに変化

▶ オススメのポイント★

毛量が多く剛毛な髪質の人は、パーマをかけるとますます膨らみ、頭を大きく見せてしまうことになるのでは？　と思いがち。しかし巻き方とロッド選定、ステムの工夫で、不要なボリュームを抑えながら、髪を柔らかく見せる動きや質感を表現できます。なによりもスタイリングが非常に簡単になるのが大きなメリット。硬い髪質で悩むメンズ客にもパーマは有効な手段です。

Style **12** フォルムがつぶれやすい軟毛に、ナチュラルな立ち上がりと動きをプラス

Before
全体が伸びて、フォルムにメリハリがない印象

- 軟毛でトップがつぶれやすい
- バングが伸びていて、やや暗い印象

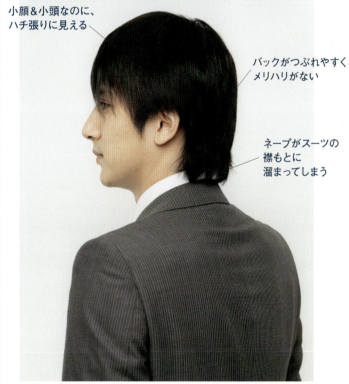

- 小顔&小頭なのに、ハチ張りに見える
- バックがつぶれやすくメリハリがない
- ネープがスーツの襟もとに溜まってしまう

Cut After
ミドルのボリュームはキープし、アンダーはタイトに引き締める

- もう少し柔らかでこなれた雰囲気にしたい
- サイドがすっきりし、縦長のフォルムに
- 重心が上がって、洗練された印象

- バックのメリハリで、一周り小頭に
- スーツに似合うすっきりネープに
- 輪郭がすっきり

Men's Perm Book

Perm After

ストレートとカールのミックスで、自然な動きと立ち上がり

- 自然で柔らかな動きで躍動感が生まれ、ラグジュアリーな雰囲気に
- サイドは逆巻きなので、動きがあってもタイト
- ひし形のフォルムで立体的に
- ストレートとのミックスで、ヘムラインのなじみがいい
- 横から見てもひし形のシルエットで、メリハリがある

▶オススメのポイント★

全体をウイービング巻きにし、自然な動きと質感を出しました。このモデルの場合は、軟毛でつぶれやすい髪質をフォローする役目も果たしますが、ビジネスシーンに大切な、洗練度、人当たりの良さ、明るさなどを演出する効果もあります。カットだけの時より、柔らかく活動的な印象を与えると思います。

Style 13 直毛でつぶれやすい髪を、ポイントパーマでふんわりと

Before

直毛で髪がつぶれてしまうので、ハチ張りが目立ちやすい。前髪が落ちてくる

Cut After

トップのLとミドルのGで立体的に。ツーブロックでサイドをすっきり

- トップに立ち上がりがないので、ハチ張りが目立つ
- バングが二つに割れる
- 伸びるとネープはハネてしまう

- バングは生えグセを活かして流れやすくカット
- トップのLで高さを出し、ハチ張りをカバー
- ストレートのままだと動きがでず華やかさに欠ける

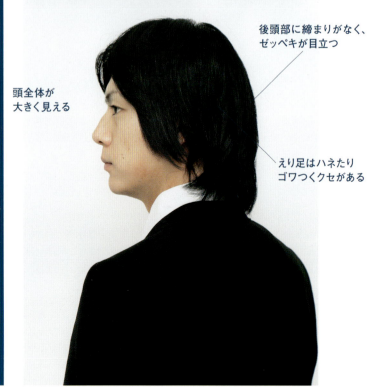

- 頭全体が大きく見える
- 後頭部に締まりがなく、ゼッペキが目立つ
- えり足はハネたりゴワつくクセがある

- 直毛過ぎて、バックに向かう毛流れが出しにくい
- トップはLで高さを出し、ミドルはGでウエイト感を
- ソフトなディスコネで、生えグセの強いアンダーを取る

Men's Perm Book

Perm After

トップのエアリー感でより縦長フォルムに。
毛流れが生まれて奥行き感を強調

- パーマで前髪に立ち上がりと
  毛流れをプラス
- トップにふんわりとした
  ボリューム感が出て、より縦長に
- パーマと分からないくらい、
  ナチュラルな質感
- バックに向かう毛流れが、
  奥行き感を強調
- ウイービング巻きで、
  ストレート部分とのなじみも違和感がない
- 頭が一回り小さく、洗練された印象

▶ オススメのポイント★

アウトラインははずし、トップのみを巻いたので、一見、パーマなのかどうか分からないくらいナチュラルな質感です。しかしスタイリングが格段にしやすくなるので、本人ははっきりとその効果を自覚できます。特に直毛で前髪が落ちてきやすかった悩みを解決し、仕事上の制約がある人にもOKなパーマなので、リピート率が非常に高いことも特徴です。

Style 14 2度目のパーマはウエーブ感を出し、品よくセクシーに

Before

前回のパーマを活かしたスタイリング。トップのエアリー感はまだキープ中

トップに残るパーマでスタイリングはしやすい

フロントに質感を出し、柔らかな表情にしたい

もう一度、縦長気味のひし形フォルムに整えて、小顔効果を狙う

全体にやや余分なボリュームが出始めた

後頭部もまだ立体感をキープ

ネープのアウトラインに厚みが出てきた

Cut After

パーマのウエーブ感が出るように、トップはやや長め、耳周りとネープはすっきりさせる

トップも前回よりもやや長めにカット

バングはウエーブが活きるよう、やや長めに

ストレートのままだとクールに見えがち

トップはLで高さを出し、縦長気味に補正

ミドルはGにして、奥行き感を強調

トップに長さを残した分、ネープはスッキリと

Men's Perm Book

Perm After

流れるフェイスラインと柔らかなウエーブ感で、清潔感のある大人の色気を演出

- 柔らかな毛流れと質感が誕生し、こなれ感が出た
- フロントを立ち上げて流し、洗練された雰囲気に
- パーマで空気感と毛流れが出て、よりひし形のフォルムに
- パーマ感があっても、サイドやネープがすっきりしているので、ビジネスシーンもOK
- アウトラインがすっきりしているので清潔感がある

▶ オススメのポイント★

前回のポイントパーマで、印象の違いとスタイリングのしやすさを経験してもらったので、2回目は、よりパーマの魅力が伝えられるフルパーマを提案。男性の場合、パーマをプラスするとゴツさや強さが和らぎ「大人の色気」や「こなれ感」、「優しい雰囲気」などを演出することができます。2度目のパーマの際には、このような印象の変化についてもお話してみましょう。

Style 15 初心者に最適なポイントパーマで、動きと奥行き感を出す

Before

硬毛の直毛で、ゼッペキが目立ちやすく、前髪がペタっとしやすい

- 前髪がまっすぐ落ちて大人度に欠ける
- トップがつぶれて、ハチ張りが目立つ
- ストレートだと、やや寂しい雰囲気

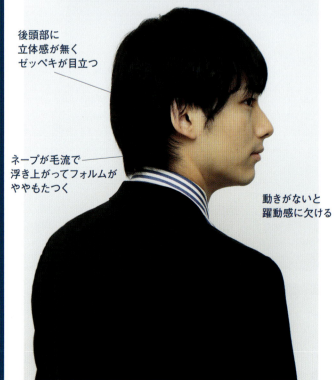

- 後頭部に立体感が無くゼッペキが目立つ
- ネープが毛流で浮き上がってフォルムがややもたつく
- 動きがないと躍動感に欠ける

Cut After

トップのLとミドルのG、アンダーのLで、縦長のひし形フォルムに

- 生えグセを活かし、分かれやすいバングに
- ツーブロックでアウトラインを締める
- 大人っぽさは出たが、まだ少し寂しい…

- ミドルのGでウエイト感を出し、立体的に
- Lを入れてすっきりタイトに
- 直毛なので、動きが出にくい

Men's Perm Book

Perm After

トップからの立ち上がりと動きが生まれて、
より立体的でアクティブなスタイルに

- より縦長のひし形フォルムになり
  洗練度アップ
- バングに立ち上がりが出て、
  大人っぽい雰囲気に
- バックの動きで、
  奥行き感と躍動感がプラス
- ピンパーマでつないだので
  ストレート部分とのなじみがいい
- ポイントパーマで全体に動きが出て、
  オン・オフの変化がつけやすい

オススメのポイント★

パーマ初心者向けの、ハチ上だけをランダムなツイストのスパイラルで巻いたスタイル。一番立ち上げたい場所をまず決めて、そこからどのような躍動感を出したいかを考えながら、巻く方向性を操作していくと、フォルムや質感が決まりやすくなります。ロッドで巻いた下にはツイストのピンパーマを入れることで、ストレート部分と無理なくなじませています。

37

Style 16 2度目はフルパーマで、より動きと躍動感をプラス

Before

パーマ部分の動きは出るが、伸びたストレート部分がつぶれやすい

- ポイントパーマをかけたトップの動きはまだ残る
- 毛流で前髪がまっすぐ落ちやすい
- さらに大人の「こなれ感」を出したい

- 後頭部に立体感をもう少し出したい
- もう少し短く、動きと立ち上がりを出すと洗練度が増すはず
- 伸びたネープが、スーツの襟にかかる

Cut After

前回のカットをベースに、ネープにディスコネを入れて、メリハリを強調

- トップに短めのLを入れ直し、動きと縦長感を
- 直毛でショートだと、やや子供っぽい
- バングはラウンドでカットしアレンジしやすく

- サイドは刈り上げのツーブロック
- より小さく立体的なフォルムだが、大人しい印象…
- ネープはディスコネさせてよりタイトに

Men's Perm Book

Perm After

全体に立ち上がりと動きが出て、
大人っぽさ&奥行き感がプラス

- パーマでより縦長気味の
  ひし形シルエットに
- 短くてもパーマを加えることで、
  立ち上がりと動きが出て、
  シャープさとアクティブ感が加わった
- カットオンリーのときよりも、
  バックに奥行き感がある
- ディスコネを入れたのでより立体的に
- スタイリングがとてもしやすい

オススメのポイント★

2度目はサイドやフロント、バックもかけるフルパーマを提案。短いショートは、直毛だと子供っぽい雰囲気になりがち。かといって社会人なのに、スタイリング剤でツンツンさせた質感では品に欠けます。パーマで柔らかな動きや立ち上がりを作ることで、スーツにも似合う大人っぽさと、若々しさのある「こなれ感」の両方を演出。スタイリングがとても楽になります。

39

STYLING VARIATION

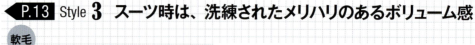 Style 3　スーツ時は、洗練されたメリハリのあるボリューム感

軟毛

VARIATION 1
カジュアルなスタイルに合う、軽くラフな質感

Styling Technique

❶ヘアミルクを500円玉大に取り、❷ウエット時に毛先をハネさせるようにもみこむ。❸ふんわりと空気感が出るように、内側からスタイラーでドライ。❹ドライ後、再び少量のミルクで毛先のハネ感を出しつつ、バランスを整える。❺バックの毛束を持ち上げて、下からパウダースプレーをふり、空気感を出す。❻サイドやトップのハネ感や束感を出したい部分にも、下からパウダースプレーをふる。

VARIATION 2
ウエット&タイトなセクシー系スタイリング

Styling Technique

❶100円玉大のグリースを手のひらでよく伸ばし、❷塗布しながら、右サイドはやや後ろに引き気味にシェープさせ、左サイドはウエーブ感を出す。❸スタイラーでドライ。バックのつぶれやすいところは、立ち上がりを出しながらスクランチドライし、❹再度、少量のグリースをつけてバランスを整える。❺右サイドは耳に掛ける。❻バランスを見ながら必用な箇所に空気感を出し、ハードスプレーを。

Men's Perm Book

▶ P.21 Style **7** スーツ時は、品良くきれいめなスタイリング

直毛

VARIATION 1
柔らかい動きでソフトな印象の大人カジュアル

Styling Technique

❶ヘアミルクを500円玉大に取り、ウエット時に全体に塗布。❷トップをスクランチドライしてパーマ感を出しながら、スタイラーでドライ。❸再び少量のミルクで毛先をつまみながら、動きと質感を出す。❹バングは軽く握り、浮き感と方向性を出しながら形作る。

VARIATION 2
クールで端正な、大人のバックシェープスタイル

Styling Technique

❶トップを立ち上げながらドライ。❷ハーフドライ時に、グリースを100円玉大に取り、全体に塗布。❸フェイスラインは握るようにして立ち上がりをつけ、❹サイドはタイトに抑えながらバックシェープ。❺指でつまみながら、ネープのハネ感を作り、❻トップはバランス良く高さを出す。所々つまみ出してリバースに流す。

◀ P.29 Style **11** スーツ時は、柔らかくボリュームダウン

剛毛

VARIATION 1
躍動感を出した、カジュアルで若々しいスタイリング

Styling Technique

❶ヘアミルクを500円玉大に取り、❷ウエット時に毛束を握るようにしながら、全体に塗布。❸トップの根元を立ち上げながら、スタイラーでドライ。❹再びミルクを少量取り、全体のバランスを見ながら、サイドやバックの毛束を引き出して質感を作る。❺バングもつまみながら、ランダムに下ろして質感を作る。

VARIATION 2
サイドパートの、シックで大人なモヒカン風アレンジ

Styling Technique

❶サイドパートをつけて、両サイド共にタイトにバックシェープしながらドライ。❷500円玉大のグリースを取り、全体に塗布。❸トップのモヒカン部分を立ち上げながら、ランダムな質感を出す。❹パート際の毛束を引き出し、質感を作って、パートを強調。

Men's Perm Book

▶ P.35 Style **14** スーツ時は、流れるフェイスラインで大人っぽく

直毛

VARIATION 1
爽やかで清潔感のある、大人の下ろしバング

Styling Technique

❶ヘアミルクを500円玉大に取り、❷ウエット時に根元をランダムに動かすようにしながら、全体に塗布していく。❸根元を立ち上げながら、スタイラーでドライ。❹ドライ後、サイドを耳に掛ける。❺再びミルクを少量取り、トップやバックの毛束を引き出し、立ち上がりや浮き感を作る。❻バングは自然に流れるようにする。

VARIATION 2
流しバングで、こなれ感のあるラフスタイリング

Styling Technique

❶ウエット時に、ベース剤と500円玉大のヘアミルクを全体に塗布し、❷根元をランダムに動かしながら、パーマをやや伸ばすようにしてドライ。❸8割ドライ後、再び少量のミルクを取り、❹バランスを見ながら毛束を引き出して、バックやネープの毛束感やハネ感を作る。

P.39 Style **16** スーツ時は、立ち上がりと動きで奥行き感をプラス

直毛

VARIATION 1
適度な動きを出した、端正な大人カジュアル

Styling Technique

❶バングだけ乾かす。❷ヘアミルクを100円玉大に取り、ウエット状態で全体(根元以外)になじませる。❸バングは自然に乾かし、根元からランダムに動かすようにしながら、スタイラーでドライ。❹全体が乾いた後で、再び少量のミルクを塗布し、バングの毛先の表情を出していく。❺トップやサイド、バックの毛束も引き出し、質感を作っていく。

VARIATION 2
額をスッキリ出した、クールなモヒカン風スタイル

Styling Technique

❶ウエット時に、全体にフォームを塗布。❷サイドはリバースに引き、トップのモヒカンゾーンは立ち上がりをつけながら、スタイラーでドライ。❸ドライ後、ハードグリースを100円玉大に取り、❹全体に塗布。❺トップはモヒカンゾーンに集めるようにスタイリング。❻バングは根元から指で握って引き上げ、立ち上がりを出す。❼サイドはタイトに抑えながらリバースに引き、❽モヒカンゾーンは毛束を引き出して、立ち上がりと質感を出す。

Approach for men

大人男子のお客様へのパーマ・アプローチ法

一度気に入ってくだされば、とてもリピート率が高いのが大人男子のパーマ。
しかし「パーマがまったく分からない」「トラウマがある」というお客様がいるのも事実。
ここでは大人男子にパーマをオススメする際のポイントをご紹介します。

大人男子の「髪の悩み」を察知して、そこからアプローチ

男性は30代に差し掛かると、髪や頭皮の悩みが如実に増えてきます。でも女性美容師の中には、同性ならばともかく、異性だとなかなか指摘しにくいと感じている方も多いのではないでしょうか？
私の場合、大人男子の友人たちに「髪や頭皮、ヘアスタイルにどんな悩みがあるか？」「どんなシチュエーションで実感するか、困るか？」などを教えてもらい、日ごろからリサーチしておくことにしています。そうすると「前髪だけが薄くなって、汗をかくと貼りつき、割れる」「夕方になるとシルエットがつぶれて、オジさんくさい」「プールに入った後が悲しい…」といった具体的な悩みをたくさん拾えます。それをもとに、髪や頭皮の対策を考えたほうがいいお客様には「ちょっと、髪が柔らかくなってきているみたいですね。私の友達も最近そうなってきて、××××なときに困るって言ってますけど、どうですか？」という風に話を柔らかく切り出すとスムーズに確信に迫りますね。「なんでわかるの!?」と驚かれることもあります。そんな時こそ「今はカットやパーマで、カバーできるから大丈夫ですよ」と安心させてあげることが大切です。

パーマになじみのないお客様に、パーマの良さをどうアプローチする？

まずは今の悩みを解決する方法として、パーマがもっとも有効的な手段である、ということをアピールします。一番簡単、かつ効果的な方法はサロンの男性スタッフがパーマをかけて、サンプルとして提示できるようにすること。「実は彼（スタッフ）も、髪がペタっとつぶれやすいんですよ」とか「ホントは前髪が少し後退してるんです。そうは見えないでしょう？」などという具体例になってくれれば一番説得力があります。サロンスタッフも「そうなんですよ、見てみます？」と前髪を上げて見せてくれたりするので、お客様に分かっていただきやすいですね。そこで即、パーマとならなくても「今日はカットだけでカバーしてみますが、キープ力が足りなかったら、次回はポイントパーマをかけてみましょうか？ 時間はプラス30分くらいです」とお伝えしておきます。ポイントパーマでパーマの良さを分かってもらうのが、パーマファンになっていただく近道です。パーマ後の次回来店時に必ず「前回、パーマをかけてどうでした？」と聞いておきましょう。また、パーマをかけると頭皮がダメージして、ますます薄毛になると思っているお客様もいるので「最近のパーマ剤はとても良くなっているので、大丈夫ですよ」ということもお伝えします。

アプローチするときのNGワード、OKワードは？

「髪が薄くなっている」場合は、「もう少し、ボリュームを出しましょうか？」「束感が欲しいでしょう？」「スタイリングがキープできるようにしませんか？」というポジティブ思考の言葉に返還させて、コミュニケーションを取るようにしています。
仕上げは出来るだけ短時間であることも大切。男性は、時間がかかると「難しそう…」としり込みしがちです。バーっと乾かすだけで形になること、スタイリング剤の量も少なくてOKであることが重要です。
大人男子にパーマをオススメする理由は、悩みの解決だけではありません。30代にさしかかった男性は、若さだけではなく「こなれ感」や「清潔感」「品のある色気」を醸し出した方が、より素敵に見えると思うからです。若い頃から担当しているお客様には「そろそろ大人ならではのセクシーさも出していきましょうか？」と言うこともありますね。今は、男性も女性同様にアンチエイジングを考える時代。髪のエイジングケアをしつつ、より素敵な大人ヘアを提供していくことが、私たち美容師の仕事です。

Detail Catalog

ここではバング、サイド、ネープ、パーマの質感といった、スタイルのパーツごとにディテールを集めました。
ベースカットや巻き方は同じでも、前髪の上げ下げ、もみあげ、えり足の表情などで、スタイルのバリエーションは広がります。

BANG 前髪

重い ← → 軽い

短い

長い

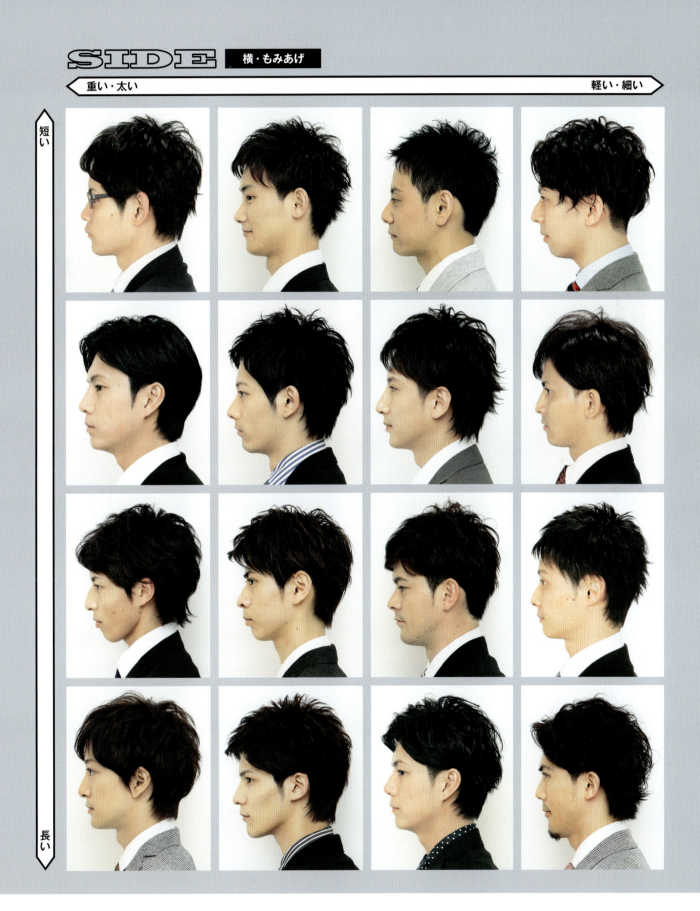

NAPE 後ろ・えり足

重い ← → 軽い

短い

長い

Perm 長さ・質感

Men's Perm Case Study

Style **6** 軟毛の髪質に、躍動的な動きを加えてアクティブなイメージに

P

Perm After

- トップに立ち上がりが生まれて、縦長なひし型フォルムに
- 若々しさと洗練さがプラスされて、スタイリッシュな雰囲気に
- バングの立ち上がりで、爽やかな印象

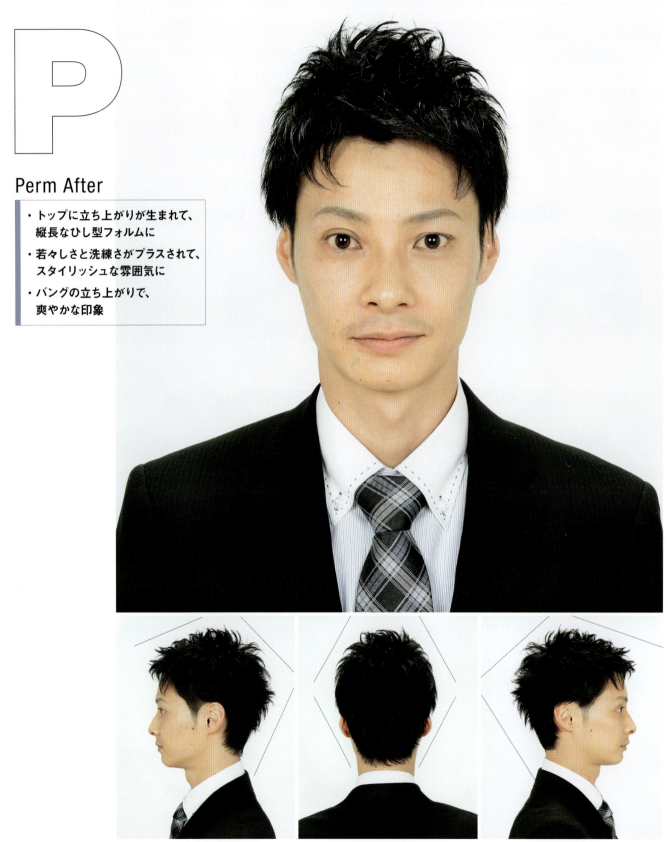

Men's Perm Book

Before

- 細くて柔らかく、直毛。スタイリングが決まりにくい
- 前髪がぱっくり割れてしまう
- つぶれやすい髪質なので、ゼッペキが目立ちやすい

Cut After

- ハードな刈り上げで、力強さをプラス
- L→G→Lの構成で、ミドルをGにし、奥行き感を出した
- バングが割れにくいように、カットで毛流調節

Cut & Styling

- ドライ後、ワックスを使用
- パーマなしだと、バングが立ち上げにくい
  動きが直線的。毛先にもう少し柔らかさを出したい

Perm Technique

カットで補正したフォルムに、
ツイストスパイラル巻きをプラスし、躍動感と力強さを出す

Cut After

Perm After

Perm Technique
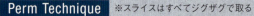
※スライスはすべてジグザグで取る

1
前処理剤と1剤を塗布する。

2
モヒカンライン（ハチよりインに取る）のトップから、パネルをリバースにツイストさせて巻いていく。

Cut Base
 VS
ベリーショート　ウエイト高めひし形

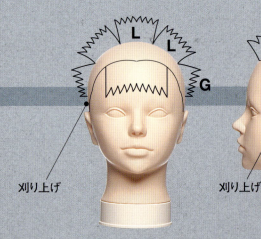

8
フェイスラインの2本目も、同様にアップステムで。

9
トップバックは8ミリで、アップステム、ツイストスパイラル巻き。

15
ラストパネルはバックと同様、ウイービング巻きでなじみを良くする。ここは逆巻きで。

16
逆サイドも同様にダウンステムの逆巻きで、ラストパネルはウイービング巻きにする。

Cut Technique
トップがつぶれやすく、ハチ張りが目立って、頭が四角くなりやすい。トップにレイヤーを入れて立ち上がりを出し、サイドはツーブロックに刈り上げ、ネープはディスコネさせて縦長のフォルムに近づけることが大切。ただしミドルはGでウエイト感を作り、立体的なフォルムにする。バングは内側の毛流を削り、割れにくくしておく。

Men's Perm Book

Rod on

3
トップ1本目は8ミリで、アップステム、毛先逃しのスパイラル巻き。

4
2本目からも8ミリで、リバースにツイストさせフォワードにツイストスパイラル巻き。ステムはフロント側になるほど、徐々に落とす。

5
トップに立ち上がりをつけるため、ランダムにフォワードに巻く。逆サイドも同様にフロントまで進む。フロントラストはややダウンステム。

6
フェイスラインを除いた、モヒカンラインの巻き収まり。すべて8ミリ、フォワードのツイストスパイラル巻き。

7
立ち上がりが欲しいバングは、9ミリを使用。アップステムで、立ち上がりをつけたい方向に巻く。

10
つむじを基点に放射状に配置していく。この部分は立ち上がりが欲しいので、すべてアップステムで巻く。

11
トップ(G.P周り)〜フロントまでの巻き収まり。

12
バックは横スライスで、ダウンステムの逆巻きに。フォルムをコンパクトにしつつ、奥行き感を出す。14ミリを使用。

13
ラストパネルは、その下の部分とのなじみをよくするために、ウィービング巻き(上に取り分けた3本を巻き、下2本は巻かずに残す)。

14
バックサイドもバックと同様14ミリで、ダウンステムの逆巻き。

17
こめかみはボリュームがいらず、毛流れだけ欲しい部分なので、フォワードでダウンステムのピンパーマにする。

18
サイドはリバースでダウンステムのピンパーマ。

19
耳後ろもストレート部分とのなじみをよくするために、リバースで、ダウンステムのピンパーマにする。

20
ロッドアウト・正面。

21
ロッドアウト・横。

薬剤データ
1剤／カーリング料(還元剤はシスティン・チオグリコール酸・システアミン・チオグリセリンの4種ミックス)
2剤／ブロム酸　1剤：自然放置10分、2剤：自然放置10分+5分

53

Style **7** ミックス毛の質感をパーマで整えて、爽やかな躍動感を出す

Perm After

- トップはツイストのスパイラル巻き、サイドとバックはウイービング巻き
- 全体に動きが生まれ、骨格補正＋スタイリングがしやすく
- クセの強いネープは、太いロッドで毛流を矯正
- 8割ドライの時にグリースを塗布してツヤのある仕上がりに

Men's Perm Book

Before

- サイドとネープのヘムラインはクセ毛。その他は直毛
- ヘムラインは毛量が少なくペタっとしやすいが、ミドルは多い
- 毛量と髪質のバランスの悪さで、頭が大きく見える

Cut After

- 耳周りやネープの強いクセ毛は極力取る
- アンダーの厚みを残しつつミドルをしっかり削り、フォルムを整える
- ダブルバングで内側に浮きを作り、フロントに厚みを持たせる

Cut & Styling

- グリースとワックスをミックスし、ほどよいツヤ感で品の良い仕上がりに
- トップに高さを出し、もう少し縦長フォルムにしたい
- 髪質的に、フロントの立ち上がりをキープし続けるのは難しい…

Perm Technique

2種類の巻きを使い分けて、トップの動きとアウトラインのナチュラル感を両立

Cut After / Perm After

Perm Technique　※スライスはすべてジグザグで取る

1 モヒカンゾーンをやや内側の位置で取り、

2 モヒカン部分に前処理剤（薬剤A）を塗布した後、全体に1剤（薬剤B）を塗布。

8 バックは、ウイービング巻きの逆巻き。パネルの上2/5は巻かずに残し、下3/5を17ミリで、ダウンステム、ウイービングの逆巻きに。

9 2本目、3本目も同様に巻き、ラストの4本目は20ミリで、下2/5を残して、上3/5をウイービングの逆巻き。

15 このとき、フェイスライン1線は巻かないセクションとして残しておく。

16 2本目も14と同様にウイービングの逆巻き。

Cut Base

VS（ベリーショート） + SM（ショートミディアム） ： ◇ ひし形

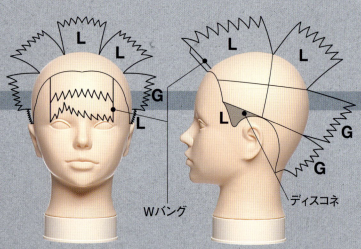

Wバング／ディスコネ

Cut Technique

アンダーの厚みを残したいので、上からL→G→Gの構成でカット。アンダーのヘムライン1線を残し、全体的に削ぎをしっかり入れる。バングはヘムラインの幅5ミリくらいを短めにカットするダブルバングで、フワッとした空気感を出す。ネープの暴れる毛流はカットして毛流れをきれいに。

Men's Perm Book

Rod on

3 巻く方向と逆にツイストした毛束を、10ミリ、左側(内側)に向けてスパイラル巻き。この時、根元側は重ね、毛先は逃して巻く。ここはアップステム。

4 この要領で、左右、どちらも内側に向けてスパイラル巻きをしていく。ここまですべてアップステム。

5 フロント側は、ややダウンステムに変化させる。

6 バングに近づくにつれて、さらにダウンステムに。

7 トップのツイストスパイラルの巻き終わり。

10 バックの巻き終わり。ネープの20ミリは、クセを矯正する目的で太ロッドを使用。よくコーミングしてから巻く。

11 バックサイドも同様に、ウイービングの逆巻き。上に2/5を残し、下3/5をダウンステムで、17ミリ、ウイービングの逆巻きに。

12 3本目も上に2/5を抜いて、下3/5を巻く。ここまですべて17ミリで。

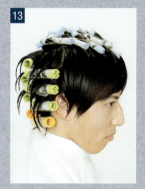

13 ラストは9と同様に、クセを矯正しながら巻く。バックサイドの巻き終わり。逆サイドも同様に巻いていく。

14 サイドもダウンステムで、ウイービングの逆巻き。1本目は上2/5を抜いて、下3/5をウイービングの逆巻き。

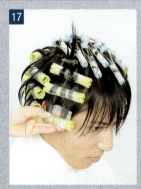

17 3本目のラストは、下1/3を抜いて、上2/3をウイービングの逆巻き。すべて17ミリで。

18 バングはウイービングの平巻きで。1本目は20ミリで、上2/5を抜いて、下3/5をダウンステムで、ウイービングの平巻きにする。

19 2本目は23ミリで、同様に上2/5を抜いて、下3/5をウイービングの平巻きに。

20 ロッドアウト・正面

21 ロッドアウト・横

薬剤データ
薬剤A／複合型PPTの前処理剤
薬剤B／チオシス系1剤
1剤：加温10分、**2剤**：自然放置10分＋5分

Style 8
膨らみやすい硬毛に、大人のこなれ感とセクシーさを出すウエーブヘア

P
Perm After

- 毛束を間引いたスパイラル巻きで、ボリュームと質感コントロール。毛流を補正し、余分な膨みをカット
- バングは立ち上げつつ流して、大人感を出す
- ハーフドライの時にジェルを塗布してドライし、ウエーブ感を出す

Men's Perm Book

Before
- 硬くて太く、直毛の髪質、量も多い
- トップ周りは立ち上がり、フロントは寝てしまうアンバランスな毛流
- ハチ張りが強調されて、頭が大きく見える

Cut After
- ツーブロックで、ミドルとアンダーのクセを取る
- 刈り上げ→G→Lの構成で、コンパクトで立体的なフォルムに
- バングは流れやすいように、アシンメトリーにカット

Cut & Styling
- ワックスにオイルを少々ミックスし、上品なツヤ感を出す
- トップにもう少し高さが欲しい。
- ストレートのままだと、フロントがつぶれやすい

Perm Technique

スクーピング巻きで空気感を出しながら、フォルムと質感をコントロール

Cut After

Perm After

Cut Base

SG ： ◇
ショートグラ　ウエイト低めひし形

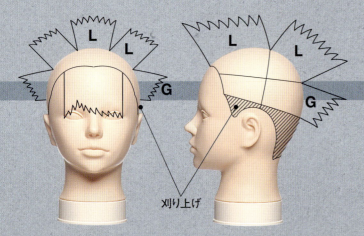
刈り上げ

Cut Technique

骨格が大きく、フォルムが四角くなりやすいので、オーバーセクションはLで余分なボリュームを取り、ミドルはGでウエイト感をキープ。コンパクトで立体的なフォルムにカットしておく。ツーブロックラインより下の、立ち上がりが強い部分は刈り上げて、サイドとネープの膨らみを抑える。

Perm Technique
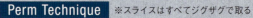
※スライスはすべてジグザグで取る

1　前処理剤(薬剤A)と1剤(薬剤B)を塗布。

2　バックから巻いていく。スクーピング(1パネルずつ間引きながら取っていく)で巻いていくので、アンダーはこのように取る。

8　フロント1本目は17ミリを使用。斜めスライス、アップステム、フォワードのスパイラル巻き。毛先は逃がす。

9　2本目、3本目も17ミリで同様にスパイラル巻き。ただしステムは徐々に落としていく。

15　フロント側は15ミリでフォワードに巻く。

16　バングセンターは、15ミリでフォワードに、ダウンステムで巻く。

Men's Perm Book

Rod on

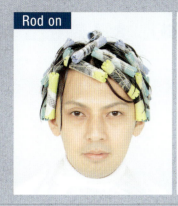

3
センターをはさんで、斜めスライスを取り、15ミリで、リバースにスパイラル巻き。ダウンステムで毛先は逃がす。逆サイドも同様に。

4
次のパネルは、左右とも17ミリで、フォワードにスパイラル巻き。動きを一定の流れにしないためにフォワード、リバースを交互に巻いていく。

5
その上の中央センター1本目は、14ミリで、流したい方向を意識してダウンステムで巻く。

6
その上は、14ミリでリバースにスパイラル巻き。バックの巻き収まり。ここまですべてダウンステムで。

7
フロントのブロッキング。ここもスクーピングで。ただし巻くところは多く、落とすところは少なくパネルを取る。

10
逆サイドも17ミリで同様に、ダウンステムで巻く。

11
サイドも、バックやフロントと同様スクーピングで。15ミリ、ダウンステムでリバースに巻く。

12
その上も11と同様にスクーピングし、フォワードに巻く。このように巻くところは多め、巻かないところは少なめに取っていく。

13
逆サイドも同様に、巻くところは多め、巻かないところは少なめのスライスでスクーピング。

14
14ミリでリバースにダウンステムでスパイラル巻き。

17
その上は14ミリで、ややステムを上げて巻く。

18
ラストは14ミリ、アップステムでスパイラル巻き。ここまですべて、毛先は逃がして巻く。

19
トップの巻き終わり

20
ロッドアウト・正面

21
ロッドアウト・横

薬剤データ
薬剤A／複合型PPTの前処理剤
薬剤B／4種類の還元剤が配合されたカーリング料
1剤：自然放置10分、2剤：自然放置10分＋5分

Style 9 つぶれがちな軟毛・直毛に立ち上がりを作り、大人感を出す

P
Perm After

- トップの立ち上がりを出し、縦長フォルムでシャープに
- ミドルは根元をつぶしつつ、毛流れを作り、洗練された大人っぽさを
- ウエット時にフォームをつけて自然乾燥させ、ワックス+ハードスプレーで表情を出す

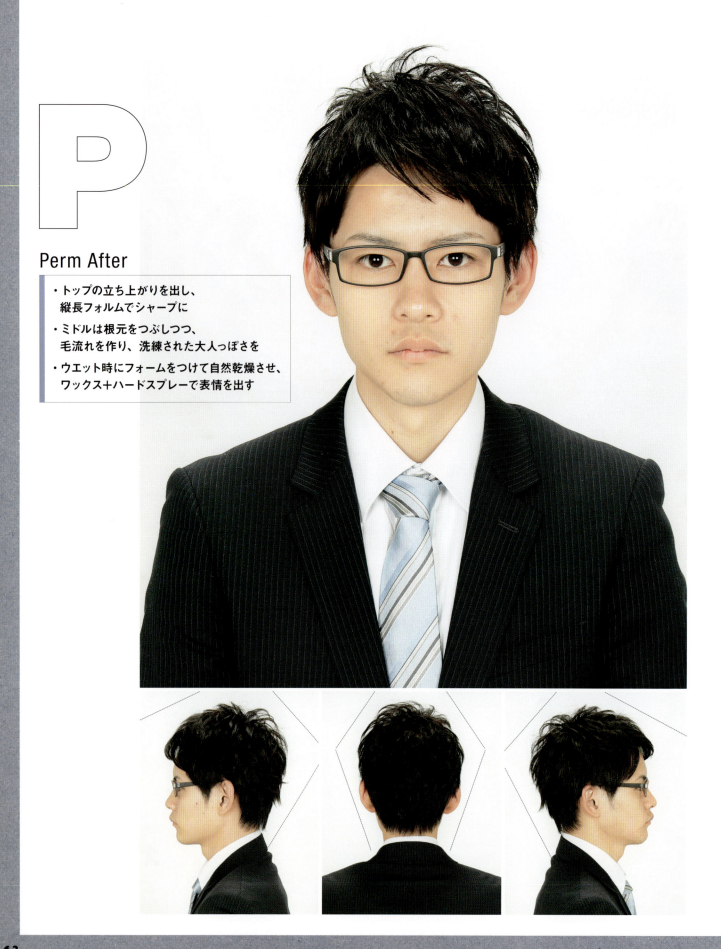

Before

- 軟毛なのでハチ張り、ゼッペキがそのまま出る
- 直毛で動きが出ないため、子供っぽい印象になりがち
- 全体にメリハリのないシルエット

Cut After

- L→G→Lの構成で、トップを短く、立体的なフォルムに
- ミドルをGにしてウエイトを作り、レイヤーでつなげる
- サイドはツーブロック・アンダーはディスコネでタイトに

Cut & Styling

- フォルムが縦長になり、小頭、小顔に
- バングとトップに浮きと動きを出し、大人感をプラスしたい
- 軟毛なので、ハードワックス+ハードスプレーでスタイリング

Perm Technique

自然な立ち上がりを出すために、毛先をランダムに逃がして巻く

Cut After　　Perm After

Cut Base

 ：

ベリーショート　　ウエイト高めひし形

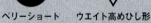

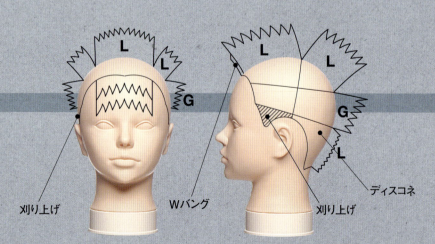

刈り上げ　　Wバング　　刈り上げ　　ディスコネ

Cut Technique

軟毛で直毛なので、フォルムがつぶれやすく、ハチ張り、ゼッペキが目立ってしまう。ネープには浮き上がるクセがある。L→G→Lの構成で、ミドル部分にウエイトを残す。ここに繋げてトップは短くカットし、立ち上がりを出す。サイドはツーブロック、アンダーをディスコネをしてタイトにする。

Perm Technique　※スライスはすべてジグザグスライス。

1. 全体に前処理剤(薬剤A)を塗布。

2. モヒカンラインをジグザグスライスで取り分けておく。

8. フロント同様、バックも毛先を逃す方向が左右交互に向くように巻いていく。下に向かうにつれ、徐々にステムも下げる。

9. ラストはややダウンステム気味に。

15. 下段の1パネル目は、上段と同様に、根元を抑えてリバースにピンパーマ。

16. 根元をタイトにしつつ動きを出したいので、コームのテールで根元を抑えながらリバースに巻く。

Men's Perm Book

Rod on

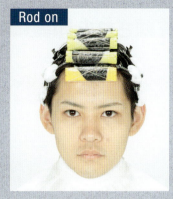

3

モヒカンラインのトップから17ミリ、毛先逃しで巻く。ここは立ち上がりが欲しいのでアップステムで。

4

交互に毛先を逃す方向を変えながら、フロントに向かうにつれて徐々にステムを落とす。バングは流す方向に向けて、ダウンステムで巻く。

5

フロントの巻き収まり。

6

トップバックは17ミリで毛先逃し、アップステムで巻く。

7

つむじで毛流が分かれる部分は1パネルで取り、アップステムで巻く。

10

巻き収まり、ステムの角度に注意。トップのアップステムから徐々にステムを下げる。

11

ボリュームダウンしつつ、少しだけ毛流れをつけたいサイドはピンパーマ。まず根元を抑えるようにコーミング。

12

ストレートよりもやや毛流れがつくくらいの角度で、リバースに巻きこむ。

13

12の要領で、モヒカンラインより下をピンパーマで巻いていく。

14

上段の巻き収まり。

17

毛先の動きと奥行き感が欲しいので、バックサイドから後ろは逆巻き。

18

17の要領で、バックセンターまでの3本を逆巻きで巻く。シルエットが立体的になり、後頭部に奥行き感が出る。

19

カーリング料(薬剤B)を塗布し、根元をつぶすようにコーミングして、毛流れを整える。

20

ロッドアウト・正面

21

ロッドアウト・横

薬剤データ
薬剤A／複合型PPTの前処理剤
薬剤B／4種類の還元剤が配合されたカーリング料
1剤：自然放置10分、2剤：自然放置10分＋5分

Style 10 まとまりにくい剛毛のクセ毛を、柔らかで洗練された印象に

P

Perm After

- クリーム系の1剤で、ボリュームダウンさせつつ、動きを均一にする
- 毛先の動きが均一でなめらか、ツヤが生まれて上品な印象に
- ハーフドライ時にウエット用ミルクを塗布し、自然乾燥。その後、ハードワックスで毛先に表情を

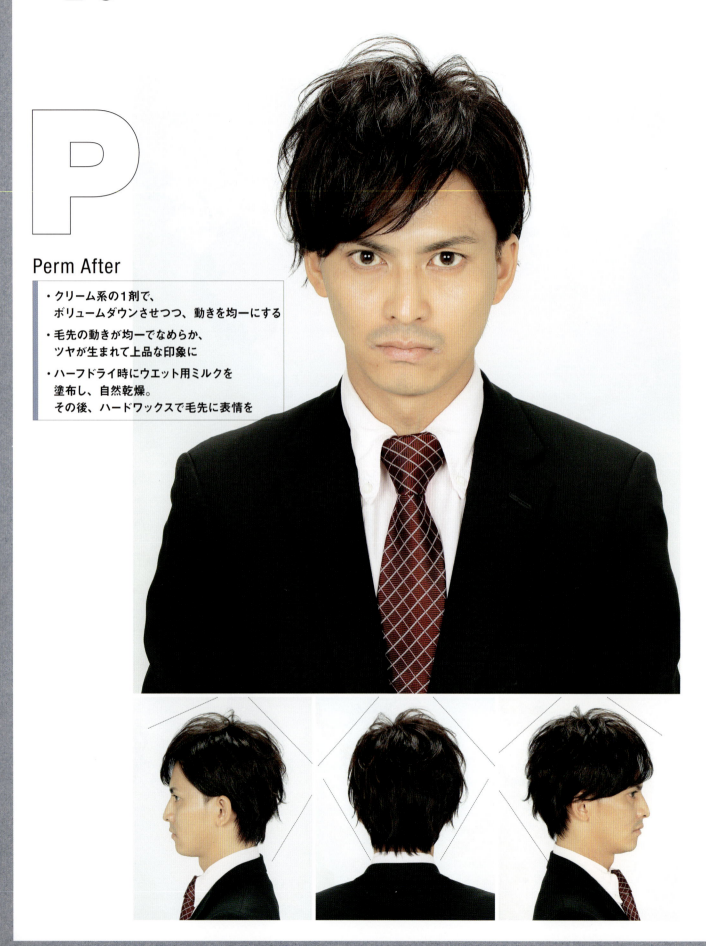

Men's Perm Book

Before

- 剛毛でクセ毛なので、すぐに膨らんでしまう
- 動きがランダム過ぎて、強過ぎる印象に
- 全体のフォルムが崩れやすい

Cut After

- L→G→Lの構成で、フォルムを補正
- サイドはツーブロックで、内側のクセを抑える
- 全体の動きを落ち着かせて爽やかな印象に

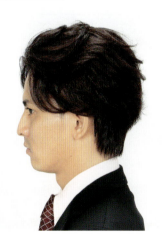

Cut & Styling

- ハーフドライ時にウエット用ミルクをつけ、自然乾燥
- 毛流はだいぶ落ち着き、シャープなフォルムに近づいた
- フロントのフィット感と、柔らかな質感を出したい

Perm Technique

クリームタイプの1剤と太ロッドで、
ボリュームダウンさせつつ、動きを補正

Cut After

Perm After

Cut Base

SG + SM ： ◇
ショートグラ　ショートミディアム　ウエイト低めひし形

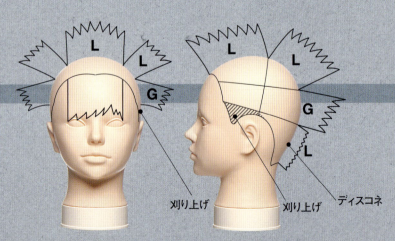

Cut Technique

剛毛で、うねるタイプのクセ毛。特にミドルの内側の毛流が強く、バングも二つに分かれる。毛先のパサつき毛流を見ながら、トップからレイヤーを入れていく。L→G→Lの構成で、サイドはツーブロックで刈り上げ、ネープはディスコネで被せる。

Perm Technique ※スライスはすべてジグザグで取る

1

ボリュームダウンさせるため、クリームタイプの1剤（薬剤A）を使用。ネープの内側の根元からスタートし、コームで丁寧になでつけるように塗布。

2

全体的に内側から塗布。動きのムラをなくすためのパーマなので、1剤は根元から毛先まで均等に、ムラなく塗布していくことが大切。

8

バランスのいい動きになるように、次のパネルからは毛流を計算して、フォワード、リバースを交互に巻く。

9

逆サイドも同様に23ミリで、ダウンステムで毛先逃しのスパイラル巻き。

15

フロントトップは、流したい方向に向けて、23ミリ、ダウンステムでスパイラル巻き。

16

トップバックは20ミリで、リバースとフォワードを交互にスパイラル巻き。ここはフォルム補正のためにステムをやや上げて巻く。

Men's Perm Book

Rod on

3
バングのセンターは、割れる部分をひとつに寄せて32ミリでダウンステムの平巻き。

4
隣は29ミリで同様に平巻き。ツヤ感を出し、フェイスラインの根元を補正。

5
バックのブロッキング。トップとミドルセクションに分ける。ネープは巻かない。

6
ミドルセクションから、ロッド幅より広くスライスを取り、バックセンター左は23ミリで、毛先を逃しながらリバースにスパイラル巻き。

7
バックセンターをはさんで右も、同様にリバースに巻く。動きを均一に直したいので、スパイラルに巻きつける角度を同一にすることが大切。

10
上段と下段は、互い違いに配置されるようにレンガブロックで取っていく。バックセンターは、23ミリで下段と同様にスパイラル巻き。

11
上段も、下段と同様にフォワード、リバースを交互に巻く。巻き込み位置をすべて均等にすることで、ランダムな毛流を均一な動きに補正する。

12
この部分だけは、クセの出方がストレートな質感だったので細いロッド(20ミリ)を使用。動きを均等にするために、クセの様子を見て調整する。

13
サイドのラストは、23ミリでフォワードに、毛先逃しのスパイラル巻き。逆サイドも同様に。

14
上から見ると、このように放射状に配置されている。

17
トップはややアップステムにして、少しだけ立ち上がりを出す(根元の自然な立ち上がりよりは、やや下げる)。

18
逆サイドも同様に、ややアップステムで巻く。

19
最後に、ネープに1剤(薬剤A)を塗布し、毛流の流れを整えるようにコーミング。

20
ロッドアウト・正面

21
ロッドアウト・横

薬剤データ
薬剤A／クリームタイプのシス系
1剤：加温10分、**2剤**：自然放置10分+5分

Style **11** 剛毛を柔らかくボリュームダウンしてシャープでスマートに

P

Perm After

- ロッドは最小限、サイドとバックサイドはタイトに
- トップ2本のみアップ、他はダウンステムで、毛先に動きを
- ハードワックスとグリースを5：1でミックス。8割ドライ後に塗布して仕上げる

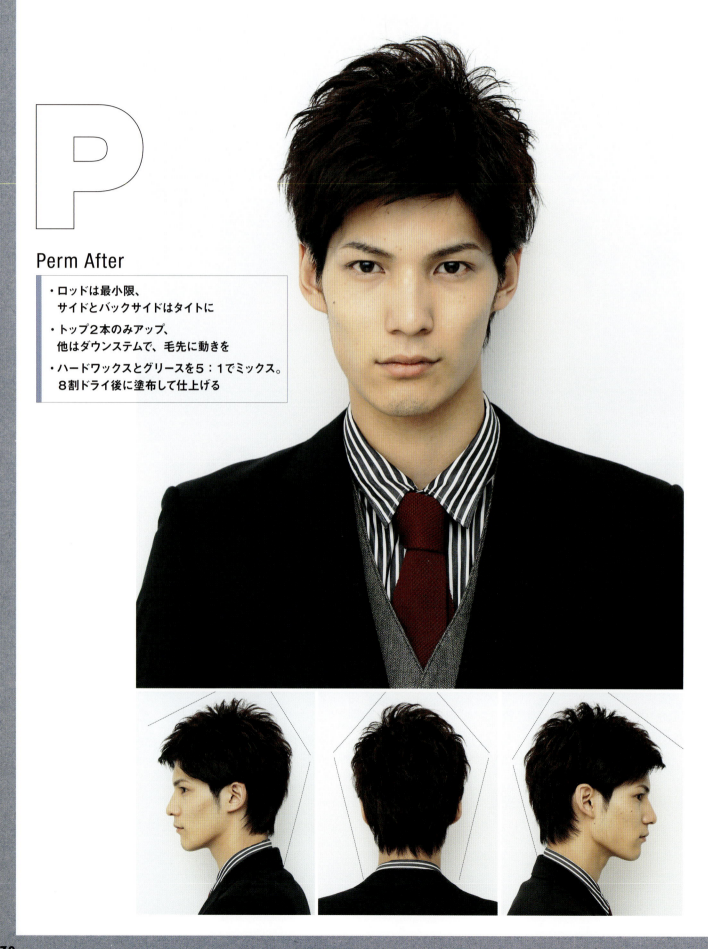

Men's Perm Book

Before
- 硬くて太くて、毛量が多い。ボリュームが出やすい
- イア・トゥ・イアより前側の毛量が特に多い
- 骨格は小さいが、長方形でハチ張り

Cut After
- パーマ後の髪が柔らかく動くように、トップはやや長めに残し、削ぎは多めに
- ダブルバングでアレンジを効かせやすく

Cut & Styling
- ハードワックスでスタイリング
- 縦長で立体的なフォルムで、ハチ張り解消
- フロントとトップに立ち上がりをつけて、より洗練された大人感を出したい

Perm Technique

ダウンステムのウイービング巻きで、膨らみやすい剛毛を柔らかく

Cut After

Perm After

Cut Base

 :
ベリーショート　ひし形

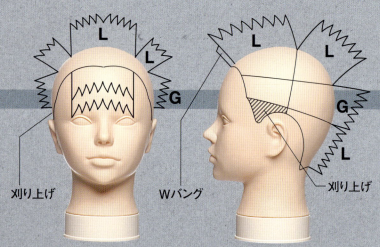
刈り上げ　Wバング　刈り上げ

Cut Technique
トップはやや長めに残しつつ、上からL→G→Lの構成でカット。サイドの耳上はソフトに刈り上げてタイトにする。バングは上げても下げても、アレンジが効くようにカット。長さをやや残した分、削ぎは通常よりもしっかり入れて量を減らすとともに毛先を柔らかくする。

Perm Technique
※スライスはすべてジグザグで取る

1 モヒカンゾーンをやや内側の位置で取り、パーマをかける部分全体に前処理剤（薬剤A）、1剤（薬剤B）を塗布。

2 トップセンターから、ウイービング巻きしていく。パネル2/5を前方向に抜いて、後ろの3/5を14ミリ、アップステムで平巻き。

8 2本目は15ミリで、同様に上2/5を抜いて、ダウンステムでウイービング巻き。

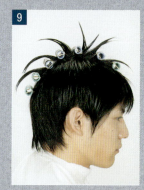
9 モヒカンゾーンの巻き終わり。トップの2本だけアップステムで、他はすべてダウンステムで巻いている。バックの逆巻きが後頭部の奥行きを作る。

15 フロントサイドは、リバース方向にダウンステムのピンパーマ。

16 逆サイドも10から15までと同様に。

Men's Perm Book

Rod on

3 そこからバックに向かう。2本目も同様に、14ミリ、アップステムでウイービング巻き。

4 3本目はダウンステムで。2〜3と同様にウイービングの平巻き。

5 バックはダウンステムの逆巻きに切り替える。1本目は上2/5を抜いて、逆巻きのウイービング巻き。

6 バック2本目(ラスト)は下2/5を抜いて、同様にダウンステム、逆巻きのウイービング巻き。

7 フロントに移る。1本目は14ミリ。上に2/5抜いて、ダウンステムでウイービング巻き。

10 バックサイドとサイドの間は逆巻きで根元をタイトに締めつつ、毛先をハネさせて立体感を出す。1本目のパネルは、上2/5を抜く。

11 残った下3/5をウイービングの逆巻きで巻く。ここはダウンステムで。

12 2本目のパネルは、下2/5を抜く。

13 残った上3/5を、ウイービングのピンパーマで。こちらも15ミリ、ダウンステムで。

14 ロッドとロッドの隙間の質感を、ピンパーマでつなぐ。サイドとバックサイドの間は、ダウンステムで逆巻きのピンパーマ。

17 バングのアウトラインにあたる部分は、このようにスクーピング(パネルを落とす)して、ピンパーマ。ストレートの質感とミックスする。

18 上にすくい上げた部分のみ、ダウンステムでフォワードにピンパーマ。

19 このようにモヒカンゾーンを囲んで、放射状にロッドとピンパーマを配置する。

20 ロッドアウト・正面

21 ロッドアウト・横

薬剤データ
薬剤A／複合型PPTの前処理剤
薬剤B／4種類の還元剤が配合されたカーリング料
1剤：自然放置10分、2剤：自然放置10分+5分

73

Style 12 フォルムがつぶれやすい軟毛に、ナチュラルな動きをプラス

P

Perm After

- ナチュラルな質感で、品良く爽やかな印象
- 重心が上にあがって、目力があるように見える
- ヘムラインのなじみ方が自然

Before

- ・軟毛なので、フォルムがつぶれやすい
- ・やや寂しげな印象で、ビジネスにはマイナス
- ・重心が下がり頬が丸く感じるので、幼く見える

Cut After

- ・L→G→Lの構成で、アンダーをタイトに引き締める
- ・トップに高さが生まれて、縦長のフォルムに
- ・顔周りがすっきりして輪郭がシャープに

Perm Technique

ウイービング巻きで自然な動きを出し、爽やかで明るい印象に

Cut After | Perm After

Cut Base

 ：

ショートミディアム　ひし形

Cut Technique

軟毛でペタッとしやすい髪質。フォルムが崩れやすいのでL→G→Lの構成にする。トップに立ち上がり、ミドルセクションにはウエイトを作り、立体的なシルエットを作る。サイドの内側はツーブロックでタイトにし、メリハリをつける。すべてチョップカットで、毛先のなじみを良くしておく。

Perm Technique
※スライスはすべてジグザグで取る

1
前処理剤として、複合型のPPT（薬剤A）を中間から毛先に塗布。

2
通常よりやや内側にセンターブロックを取り、フロントトップからウイービング巻き。1パネルを5等分にして上2本、下3本に分ける。

8
トップバックも同様にウイービング巻き。1パネルを5本に分け、さらに上2本、下3本に分ける。

9
下3本のみを15ミリ、アップステムで巻く。

15
通常よりややインに取ったセンターブロックの巻き上がり。ハチまではアップステム、ハチから下は急激にダウンステムにする。

16
バックサイドはタイトに締めたいので逆巻きにする。上2本、下3本に分け、

Men's Perm Book

Rod on

3

下3本のみを15ミリで、毛先からアップステムで巻いていく。

4
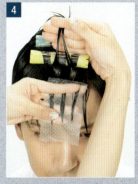
2本目も同様にアップステム、17ミリで巻く。3本目も同様だが、ここからはややステムを下げていく。

5

このとき、こめかみ部分は巻かずにはずす。こめかみは肌とのなじみをよくするために、巻かずに残す。

6

ラストは20ミリで、さらにステムを下げる。

7

このように、ハチよりもややインに巻き収めることで、ハチに余分なボリュームを出さない。

10

次も下3本のみを15ミリ、アップステムで巻く。センターブロックを通常よりやや内側に取ると、頭を小さく見せる効果がある。

11

トップバックはこの要領で、すべて15ミリ、アップステムで巻く。トップに高さを出し、フォルムを整える。

12

4本目からは角度をダウンステムに切り替える。

13

このように急激に角度を切り替えることで、メンズらしいシャープなメリハリ感を出せる。

14

センターのラストは、1パネルを上3本、下2本にし、上3本のほうを巻く。こうすることで、ネープのストレート部分とのなじみが良くなる。

17
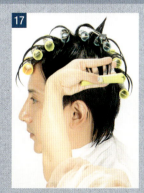
下3本のみを17ミリ、ダウンステムで逆巻きに巻く。

18

このようにダウンステムの逆巻きで巻くことで、バックサイドがピタッとフィットし、より縦長でシャープなシルエットになる。

19

フロントサイドも同様にウィービング巻きで逆巻き。17ミリを使用。

20

この時もこめかみの1線を巻かずに残しておく。

21

ラストは上3本、下2本にし、上3本のみを巻くことで、ストレート部分とのなじみを良くする。この後、1液(薬剤B)を塗布。

薬剤データ
薬剤A／複合型PPTの前処理剤
薬剤B／チオシス系1剤
1剤：自然放置10分、**2剤**：自然放置5分+5分

77

Style 13 直毛でつぶれやすい髪を、ポイントパーマでふんわりと

Perm After

- 太めのロッドで、フォルム補正とバングからサイドにかけてを流れやすく
- フェイスラインはかけないので、ごくナチュラルな質感
- 8割ドライ時に、ソフトタイプのグリースで仕上がる

Men's Perm Book

Before

- 量が多く直毛。根元から真下に落ちる毛流
- ネープはクセがあり、収まりが悪い
- フロントは二つにはっきり割れてしまう生えグセ

Cut After

- ソフトなツーブロックで、アウトラインのクセを取る
- L→G→Lの構成で、ひし形フォルムに
- バングはより流れやすくなるようアシンメトリーにカット

Cut & Styling

- ソフトワックスをつけてナチュラルに仕上げる
- 頭が一周りコンパクトに
- ストレートのままで動きがキープしにくく、やや寂しい印象

Perm Technique

太めロッドでハチ上のみを、ウイービング巻き & 平巻き。
骨格補正と同時に動きをプラス

Cut After

Perm After

Cut Base

SG + **SM** : ◇
ショートグラ　ショートミディアム　ひし形

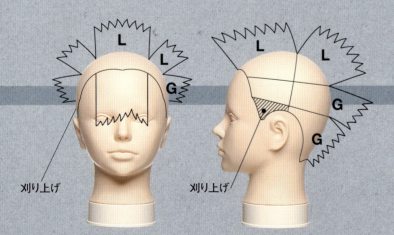

Cut Technique
アンダーとミドルセクションにGを入れ、奥行きを持たせつつ、ネープのはね上がるクセを取り除いてウエイトポイントを作る。オーバーはLでモヒカンゾーンに高さを出し、ハチ張りをカバー。バングは生えグセを活かし、さらに流れがつきやすいようにカット。

Perm Technique ※スライスはすべてジグザグで取る

1
パーマ部分をブロッキング。モヒカンゾーンを、通常よりもやや内側で取る。バングの厚みは、生え際に注意しながらしっかり残しておく。

2
モヒカンゾーンにのみ前処理剤（薬剤A）と1剤（薬剤B）を塗布。

8
このように、前後2本が20ミリのウイービング巻き、中は17ミリで平巻き。すべて後方に向けて巻きこむ。バックの1本のみ、ダウンステムで。

9
サイドもフロントとバック同様、ウイービングで巻く。このように1パネルを、上下で2本と3本に分け、

15
ロッドとロッドの間を埋めるピンパーマとなる。ここは毛流れが繋がればいいので、根元の立ち上がりはいらない。

16
同様に、バックの逆サイドもリバースのピンパーマ。

Men's Perm Book

Rod on

3

フロント側1本目は、20ミリでウイービング巻きの逆巻き。1パネルを5等分にして2/5をはずし、120度で、毛先まで巻き込む。

4

2本目からは17ミリで平巻き。120度のアップステムで巻く。

5

3本目も17ミリ。ここは90度のアップステムで平巻き。

6

4本目も17ミリで平巻き。ステムは5より若干下げる。

7

バックのラストの1本はダウンステム。1パネルを5等分にするが、下3/5のみ20ミリで3と同様にウイービング巻き。

10

上2/5をはずして下3/5をダウンステムでウイービング巻き。

11

この部分をダウンステムにすることで、ハチがタイトに収まり、自然となじむ。

12

逆サイドも10と同様に、ダウンステムでウイービング巻き。

13

このように、モヒカンラインの両サイドを1本ずつダウンステムで巻く。

14

モヒカン部分の前後左右に巻いたロッドの間をピンパーマで巻いて、ストレート部分となじみを良くする。ダウンステムで、リバースに巻く。

17

フロント側の隙間も、同様にピンパーマで埋める。こちらもリバースに巻く。

18

逆サイドも同様にピンパーマ。

19

このようにロッドとロッドの隙間にピンパーマを配置。骨格によっては隙間が生まれない場合もあれば、2～3個ピンパーマが必要な場合もある。

20

ロッドアウト・正面

21
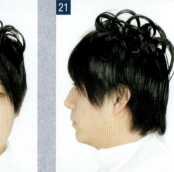
ロッドアウト・横

薬剤データ
薬剤A／複合型PPTの前処理剤
薬剤B／チオシス系1剤
1剤：加温10分、2剤：自然放置10分＋5分

Style **14** 2度目のパーマはウエーブ感を出し、品よくセクシーに

Perm After

- 厚めスライスのウィービングパーマで、ランダムに巻く
- アウトラインに向かってなじむロッド設定で、違和感のない質感に
- ウエット時にジェルを塗布し、自然乾燥で仕上げる

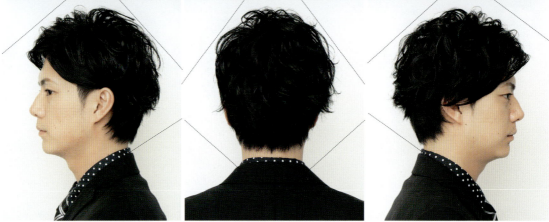

Men's Perm Book

Before

- もともと量が多く直毛。真下に落ちる毛流でつぶれやすい
- トップのみかけたパーマが、まだ少し残っている状態
- フロントは二つにはっきり割れてしまう生えグセ

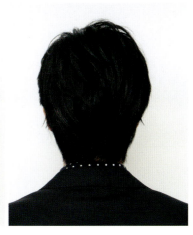

Cut After

- L→G→Gの構成で、トップをやや長めに残す
- ツーブロック部分をカットし直して、アウトラインのクセを取る
- ネープは前回よりも短くすっきりとメリハリを出す

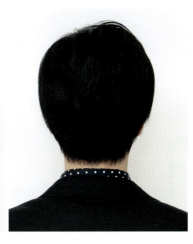

Cut & Styling

- 8割ドライ時に、ワックスとグリースを1：1でミックスして塗布し、仕上げる
- 前回のパーマが少し残っているので、動きは出しやすい
- パーマの良さをわかってもらえたので、フルパーマで印象チェンジをしたい

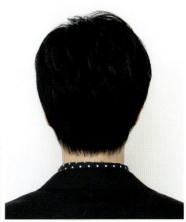

Perm Technique

トップは前回とほぼ同じ。
サイドとバックに、ウイービング巻きで質感をプラス

Cut After

Perm After

Cut Base

SG : ◇
ショートグラ　ウエイト低めひし形

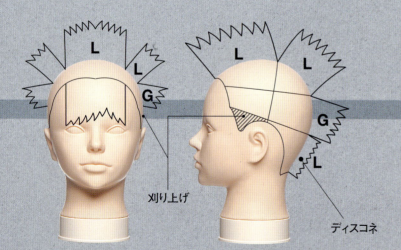
刈り上げ
ディスコネ

Cut Technique

ネープは短めにすっきりさせるため、アンダーはディスコネでLを入れ、ミドルはGでウエイトをしっかり作る。サイドは前回のツーブロック部分を刈り上げて、2ブロック。オーバーは前回よりも長めのL、フロントも長めに残し、パーマによるニュアンスが活きるようにしておく。

Perm Technique ※スライスはすべてジグザグで取る

1
ブロッキング。前回と同様、モヒカンゾーンを、通常よりもやや内側で取る。

2
パーマをかける部分全体に前処理剤（薬剤A）、1剤（薬剤B）を塗布。

8
バックの3本は15ミリで、すべて上2/5を抜いて巻いていく。ダウンステム、ウイービングの逆巻き。

9
フロント1本目と、バックの4本はウイービング巻き、トップは平巻きの構成で、トップにはしっかりパーマ感を出し、アウトライン側はなじませる。

15
フェイスラインの1線を巻かずに残しておくことで、トップにはしっかりパーマ感を出しても、ナチュラルな仕上がりになる。逆サイドも同様に。

16
ネープはフラットなピンパーマで質感をつなぐ。アンダー1段目のセンターは、ダウンステムでフォワードに巻く。

Men's Perm Book

Rod on

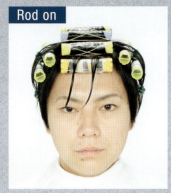   

3

バングから横スライスで巻く。1本目は20ミリで、パネルを5等分にし、2/5を外し、ダウンステムのウイービング巻き。すべてやや厚めスライスを取る。

4

2本目は17ミリで、ややステムを上げて平巻き。

5

3本目は14ミリでアップステムの平巻き。

6

4本目からは、アップステムで17ミリと14ミリを交互に巻いていく。ロッドに大小のコントラストをつけることでランダムな質感を作る。

7

バックとのつなぎとなる7本目は、ダウンステムでウイービング巻き。上2/5を抜いて巻く。

10

バックサイドの1本目はスペースが狭いので、3等分の下2/3をウイービングで巻く。ここからはすべて15ミリ、ダウンステムで。

11

その下2本は通常通り、15ミリで下3/5をウイービングで巻く。逆サイドも同様に。

12

サイドの、こめかみからフロント側は巻かないので、分け取っておく。

13

1本目は17ミリで、上2/5を残し、下3/5を逆巻きのウイービング巻きにする。ここもダウンステム。

14

2本目は下2/5を残し、同様に17ミリで逆巻きのウイービング巻きで。

17

この要領で、1段目の左右をダウンステムのピンパーマで巻いていく。

18

みつえり部分も同様に、根元をつぶしながら、フォワードにピンパーマ。

19

トップのみアップステムで、サイドバックはダウンステムにして、メリハリを作る。

20

ロッドアウト・正面

21

ロッドアウト・横

薬剤データ
薬剤A／複合型PPTの前処理剤
薬剤B／チオシス系1剤
1剤：加温10分、2剤：自然放置10分＋5分

Style 15 初心者に最適なポイントパーマで、動きと奥行き感を出す

Perm After

- ハチ上のみのパーマでも、立ち上がりと動きが出て、躍動感が出る
- トップの立ち上がりと後頭部の奥行き感が出る
- バング中央を立ち上げて、洗練された大人のフェイスラインに
- フォームを塗布し自然乾燥。グリースとワックスで毛先のバランスを整える

Men's Perm Book

Before

- 硬くて直毛なため、骨格がそのまま出る
- 生えグセで、バングが二つに分かれやすい
- 直毛でバングが上がりにくいので、やや子供っぽい雰囲気

Cut After

- ツーブロックを入れ直して、ヘムラインをすっきりと
- L→G→Lの構成で、縦長なひし形フォルムに
- バングはセンターを短くして、小顔効果を出す

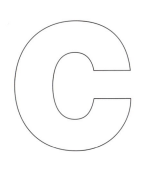

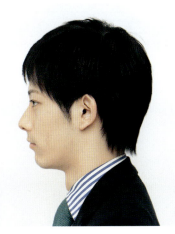

Cut & Styling

- ハードワックスとスプレーで仕上げる
- メリハリが出て立体的になり、動きが付けやすい状態
- もう少し短いほうが、より洗練された大人感が出る

Perm Technique

ツイストスパイラルとツイストピンパーマで、動きと躍動感を出す

Cut After

Perm After

Cut Base

ベリーショート

ひし形

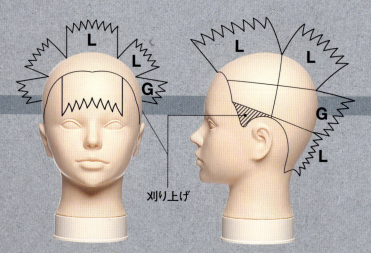

刈り上げ

Cut Technique
トップはL、ミドルはGでカットし、トップに高さを出しつつウエイトポイントを作る。サイドはツーブロックを入れ、バングは生えグセで分かれやすくなっているため、センターを短く、サイドに向かうにつれて長くなるフレア型にカットし、流れやすくする。

Perm Technique
※スライスはすべてジグザグで取る

1
パーマをかける部分を、ハチよりもやや内側のモヒカンラインで取る。フェイスラインの厚みは確保しておく。

2
ブロッキングした部分のみに前処理剤(薬剤A)と1剤(薬剤B)を塗布。

8
フロント側はレンガ状に取る(7の間に3本配置)。センターは3〜5と同様に、左にツイストさせ右方向にスパイラル巻き。9ミリでややダウンステムに。

9
左側は内側を向くように、左にツイストさせ右方向にスパイラル巻き。

15
ダウンステムで、フォワードに巻く。ここは毛流れのみが欲しいので、根元は立ち上げない。

16
パネルを間引きながら、サイドからフロントへと進む。すべてフォワードに巻く。

Men's Perm Book

Rod on

3
つむじ前のセンターからパネルを取りだし、左方向（流したい方向と逆）に半回転させ、

4
9ミリロッドで、右方向（流したい方向）にスパイラル巻き。

5
このように中間から根元は重ね、毛先は逃がして巻くと、より根元が強く、毛先はゆるやかなカールになり、ナチュラルな質感になる。

6
その隣も3〜4と同様に、右方向にツイストスパイラル巻きで巻いていく。

7
つむじを起点にトップを左右2本巻いている。ここまではすべてアップステムで。

10
右側も内側を向くように、右にツイストさせ左方向にスパイラル巻き。センターを挟んで、左右は内側を向くように、ややダウンステムで巻く。

11
7を挟んでバック側もレンガ状に3本巻く。左右両側は、内側に向けて、アップステムでツイストスパイラル巻き。

12
すべて流したい方向と逆にツイストし、アップステムで内側に向けてスパイラル巻き。ここもすべて9ミリで。

13
トップとバックはアップステム。フロント側はややダウンステム。つむじを基点に、レンガ状に8本のツイストスパイラル巻きを配置している。

14
スパイラル巻きの周辺をツイストのピンパーマで巻いて、ストレート部分となじませる。まずはバックからパネルをリバースにツイストさせて、

17
逆サイドも同様にすべてフォワード、ダウンステムのツイストピンパーマ。

18
最後にバング部分のセンターを、同様にツイストピンパーマで巻いて、ストレート部分となじませる。

19
ツイストスパイラル巻きの周辺にツイストピンパーマを配置（前後1つ、左右3つずつ）して、ストレートとパーマ部分をなじませる。

20
ロッドアウト・正面

21
ロッドアウト・横

薬剤データ
薬剤A／複合型PPTの前処理剤
薬剤B／4種類の還元剤が配合されたカーリング料
1剤：自然放置10分、2剤：自然放置10分＋5分

Style 16 二度目はフルパーマで、より動きと躍動感をプラス

P

Perm After

- 短くてもエアリー感が出て、こなれた大人の雰囲気に
- 肌に近いほどゆるい質感で、ビジネスシーンにもOK
- ミルクを塗布し、ドライ。ワックスにオイルを少々混ぜ、毛先にツヤ感を出す

Men's Perm Book

Before
- 硬くて直毛なため、骨格がそのまま出てしまう
- 前回のポイントパーマで、トップの動きは出る状態
- フロント、サイドのストレート部分がペタッとしてきた

B

Cut After
- L→G→Lの構成で、前回よりさらにメリハリ感アップ
- トップは短めのLだが、ミドルはGでウエイト感をキープ
- バングをややアシンメトリーにして、パーマ後に毛流れと立ち上がり出やすく

C

Cut & Styling
- ハードワックスで全体に動きを出す
- トップは前回のパーマの残りで動きをつけやすい
- さらに大人のこなれ感と躍動感をプラスしたい

S

Perm Technique

前回同様のトップのツイストスパイラル巻きに、ウイービング巻きをプラス

Cut After

Perm After

Perm Technique
※スライスはすべてジグザグで取る

1 モヒカンゾーンを前回より後ろの位置からフロントまで、通常よりもやや内側で取る。

2 パーマをかける部分全体に前処理剤（薬剤A）、1剤（薬剤B）を塗布。

Cut Base

VS ＋ SG ： ◇
ベリーショート　ショートグラ　ひし形

8 2本目の1本は、下3/5を内巻きのウイービング巻き。

9 バックセンターに3本巻く。ラスト1本は上3/5をウィービングの逆巻き。

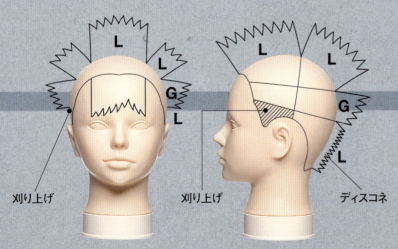
刈り上げ　　刈り上げ　　ディスコネ

Cut Technique

トップ、フロントは短めのLでカットし、動きと立ち上がりを出す。ただしミドルはGでウエイト感を出す。前回、刈り上げてツーブロックにした部分を入れ直し、ネープをディスコネして、より後頭部の奥行き感が出るようにし、メリハリが強調されたシルエットにする。

15 サイドは、まずフェイスラインの巻かない部分を分け取っておく。顔周りをストレートで残すことで、トップにパーマ感を出してもナチュラルな雰囲気になる。

16 1本目は14ミリで下3/5を巻く。ここもバックサイドと同様、ダウンステムで逆巻き。2本目も同様に逆巻き。

Men's Perm Book

Rod on

3

トップセンターから、9ミリロッドで、右方向（流したい方向）に、アップステムでスパイラル巻き。

4

前回と同様に中間から根元は重ね、毛先は逃がしながらレンガ状に巻いていく。ここからはややダウンステムで。

5

今回は全体にパーマ感を出していくので、前回よりも後頭部に2本、ツイストスパイラル巻きを増やす。ここはアップステムで。

6

トップは前回とほぼ同様の、ツイストスパイラル巻き（バックの2本をプラス）。髪が短いので、細めのロッドを使用し、やや厚めのスライスを取っている。

7

バックはすべてダウンステム、14ミリで横スライス。1本目はパネルを5等分して、下3/5をウイービングの逆巻き。

10

トップのツイストスパイラル巻きは、フロント以外はアップステム、バックのウイービング巻きはすべてダウンステム。このメリハリが立体的なフォルムを作る。

11

バックサイドもバックと同様に、すべて14ミリ、ダウンステムのウイービング巻き。1本目はパネルを3本に分け、下2/3を逆巻きで巻く。

12

2本目は内巻き。パネルを5本に分け、下3/5をウイービング巻き。

13

ラストは上3/5をウイービング巻き。

14

逆サイドも同様に、逆巻きのウイービング巻きをしていく。

17

ラストの3本目は、上3/5を巻き、下2/5を落とす。逆サイドも同様に。

18

バングは17ミリで、下3/5をウイービング巻き。ここはややアップステムで。

19

同様にその下は20ミリでウイービング巻き。17よりはややステムを下げる。

20

ロッドアウト・正面

21

ロッドアウト・横

薬剤データ
薬剤A／複合型PPTの前処理剤
薬剤B／4種類の還元剤が配合されたカーリング料
1剤：自然放置10分、**2剤**：自然放置10分＋5分

Style Commentary

スタイル解説

P8〜P17のスタイルのカットとパーマのポイントをまとめました。

P9 / P11 / P13 / P15 / P17

P9 → 動きの出づらい直毛の硬毛を、パーマで躍動感のあるスタイルに

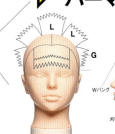 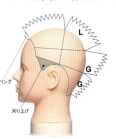 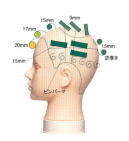

Cut
トップとミドルはやや長めに設定して、L→G→Gの構成でカット。サイドはソフトなツーブロックに。バングはディスコネさせて動きを出しやすくする。全体的に長めに残した分、削ぎは多めに入れて、柔らかさが出るようにする。

Perm
トップは9ミリでアップステム、ツイストのスパイラル巻き。バングは15〜20ミリのウィービング巻きで徐々にステムを落とす。バックとサイドはウィービングの逆巻きで立体感を出す。その周辺はピンパーマでなじませる。チオシス系1剤使用。タイムは1剤10分　2剤10分＋5分

P11 → 全体的に貼り付いてしまう毛流れを、軽やかで爽やかな印象に

  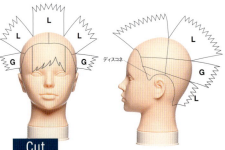  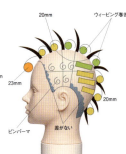

Cut
L→Gの構成でカットしたマッシュベース。サイドとアンダーは短めのレイヤーでディスコネさせて、タイトに締める。耳前はスッキリと短くし、ネープはバランスを見ながらレイヤーを入れる。バングはアシンメトリーにカットして、自然に流れるようにしておく。

Perm
全頭を大きめロッドでウィービングの平巻きにして、エアリーな質感を作る。耳より前のサイドは、ロッドではなくピンパーマのリバース巻き。ヘムラインは巻かず、質感が肌に自然になじむようにする。4種類の還元剤配合のカーリング料使用。タイムは1液10分、2液5分＋5分

Men's Perm Book

P13 → 細毛をパーマでボリュームアップしつつ、フォルムコントロールされたウエーブスタイルに

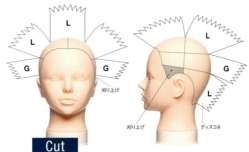

Cut
ウエーブを出したいので、トップとミドルは長めにレングス設定し、サイドはツーブロックに刈り上げ、アンダーは短めのレイヤーでディスコネでカット。髪質的に削ぎは極力入れたくないので、ベースカットでフォルムのメリハリを出しておく。

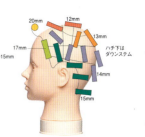

Perm
12〜15ミリロッドを使用し、トップはアップステムのスパイラル巻き。フロントに行くに従って徐々にダウンステムに。ハチ下とサイドはすべてダウンステム。ヘムラインは平巻きの逆巻きで巻いていく。薬剤は4種類の還元剤配合のカーリング料使用。 1液10分、2液10分＋5分

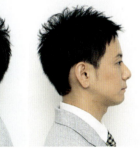

P15 → 軟毛にポイントパーマで立体感を出し、男らしい爽やかさをプラス

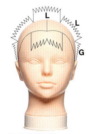
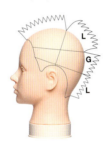

Cut
ベリーショートだがモヒカン部分をやや長め、サイドとネープは短めのレイヤーにカットした、L→G→Lの構成。M字バングは必要な厚さを確認して、セクションを広めに取りながら短くバングにカット。短くてもミドルをGにすることで、後頭部の立体感を出す。

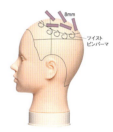

Perm
つむじ中心にトップのみ、8ミリのロッドで、アップステム、ツイストスパイラル巻きのポイントパーマ。ロッドの周辺はダウンステムでツイストのピンパーマにし、ストレート部分と質感をなじませる。チオシス系1剤使用、タイムは1剤10分、2剤10分＋5分。

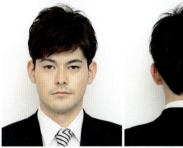

P17 → 量が多くクセ毛で膨らむ髪を、パーマでツヤを出しつつボリュームダウン

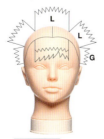
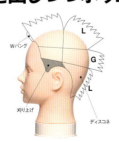

Cut
ボリュームを抑えるために、サイドはツーブロックで刈り上げ、アンダーは短めのLにカット。オーバーはLでハチ周りをタイトにし、ミドルはGで後頭部の奥行を出す。フロントはWバングでクセが出にくくする。削ぎはしっかりと入れ、毛量を調節しておく。

Perm
粘性のあるパーマ剤を用い、フロント側は26〜20ミリロッドでクセを伸ばしつつ平巻きし、柔らかな質感を出す。バック側は17ミリで平巻きし、バックは逆巻きでボリュームを抑える。サイドも17ミリの平巻き。クリームシスを使用。1剤加温10分、2剤10分＋5分。

3 Basic Style Cut & Perm Guide

大人男子のカット&パーマ

スーツに似合う基本の3スタイル

スーツに似合う大人男子ヘアの基本はこの3スタイル。
- 爽やかで活動的な雰囲気が好感度大のベリーショート
- パーマ感があっても、すっきりとしたヘムラインでスーツもOK、スタイリッシュなショートグラデーション
- 柔らかいニュアンスが、ソフトで人当たりのいい印象を与えるショートミディアム

まずはこの3スタイルをマスターすれば、様々なタイプのスーツ男子に対応できます。ここでは基本3スタイルを、カットからパーマまで詳しく見ていきましょう。大人男子に多い「ヘムラインの毛量が少ない」場合を想定して、テクニックを展開しています。

ベリーショート
Very Short

Back Style

社会人男子の定番中の定番。爽やかで清潔感と躍動感があり、誰からも好印象を持たれる王道スタイル

Very Short

Men's Perm Book

3 Basic Style Cut & Perm Guide

ショートグラデーション
Short Gradation

ショートミディアム
Short Medium

Back Style

質感を出したトップと
すっきり刈り上げたヘ
ムラインのツーブロッ
ク。スタイリッシュな
大人の雰囲気を演出

Back Style

やや長めのレングス
で、柔らかな動きや
ニュアンスを感じさせ
るデザイン。大人の優
しさや色気を演出

Short Gradation　　　　　　　　**Short Medium**

Basic Style 1　ベリーショート Very Short

レイヤーベースだが、ミドルセクションはグラの構成で、後頭部に奥行きを出す

CUT Process — Very Short
Men's Perm Book

フェイスラインと、ヘムラインが薄く後退している設定にカットしてある。

ヘムラインが薄い場合は、サイドのアウトラインを決めたら、そのままバックのアウトラインまで決めたほうが、失敗が少ない。

1 Before。表面からは見えないが、内側（上写真）はフェイスラインやヘムラインの毛量が減ってきている状態にしてある。

2 もみあげ部分はソフトに刈り上げる。このとき、スライスをスクエアではなく斜めに取ると、サイドが締まって見えると同時に、爽やかな色気が出る。

3 切り上がり。もみあげはサイドとツーブロックした状態になる。スライスをきれいに正確に取ることが大切。

4 その上のセクションを被せて、サイドの前下がりラインをチョップでカットしアウトラインを設定する。

5 ハチ下のイア・トゥ・イアより前は、サイドをガイドに縦スライスをとり④のアウトラインをガイドに、グラデーション（G）でカット。

6 次にバックに進み、アウトラインを設定する。

7 ⑥をガイドに立体感や奥行き感を意識しながらミドルセクションにGを入れていく。

8 床に平行に引き出して⑦をガイドに、頭の丸みを意識しながらカット。

9 毛量が薄くなっているフロントは、通常よりも深くセクションを取り、まず必要な毛量（なるべく均一に揃える）を確保する。

10 バングは中央に集めてカットし、センターが短くなるようにする。

必要な毛量を確保しながらサイドからバックまで、アウトラインを設定。

ミドルからアンダーの切り上がり。奥行きとしっかりとしたアウトラインができた。

センターに集めてカットしたので、両端が長く中央が短い、ラウンド型のラインになる。

CUT Process

ラウンド型にカットしたバング。フェイスラインが後退しているので、通常よりもかなり深めにバングセクションを取っている。

バングとトップのガイドをつなぐ。

ウエットカット終了状態。ここからドライ。

11 毛先をチョップカットでフロントサイドにつなぐ。

12 トップのガイドをつくる。骨格、顔型見ながら、トップの動きをイメージして、長さを設定することが大切。

13 バングと12のガイドをつなぐようにチョップカットでレイヤー(L)を入れる。

14 これをガイドに、ハチ周りをつなげる。

15 放射状スライスで取り、オンベースで引き出し、Lを入れていく。すべてチョップカットで。ここまでがウエットカット。

16 ドライ後、サイドのアウトラインの重い部分を(目で見て判断)、ツイストセニングして柔らかくする。

17 バックサイドのアウトラインは毛量がムラになっている所なので、毛量を確認しながらツイストセニングで量感と質感調節。

18 そのままでネープのアウトラインまで、同様にツイストセニング。

19 バックのアンダーセクションは、レイヤーセニングを入れて、ネープのシルエットを締める。ただしアウトラインの1線のみは入れずに残し、厚みをキープ。

20 とくに多いところはセニングシザーを上から下へスライドさせて調整。

ドライ後の状態。ここから毛量調節と質感調整に入る。

Very Short

Men's Perm Book

その延長で、ミドルのサイドはグラセニング。

21
その上のミドルセクションは、グラセニングを入れ、毛量を調節し、束感と質感を出す。

22
トップは放射状に毛髪の落ちる位置を確認しながらレイヤーセニングを入れる。毛量を調節し、質感と束感を出す。

23
つむじ周りの毛先1/3だけツイストセニングで、質感と束感をつくる。ただし毛量が少なくなっている場合は、毛先のみ入れる。

24
バングは、中央からサイドに向かって流れやすくするため、流す方向にツイストセニングを入れる。

25
フェイスラインも同様に流した方向にツイストセニング。

26
最後はシザーでスライドカットし、ディテールを調整。フェイスラインは薄くなっているところを意識し、バランスを見ながらカット。

27
ヘムラインも同様に薄くなっているところを意識しながら、スライドカットで肌なじみをよくし、より柔らかさと束感を出す。

Cut After

Cut & Styling

カットのみの段階で、ワックスでスタイリングした状態

PERM Process

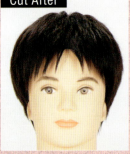
Cut After

オーバーセクションのみを
ツイストスパイラル巻きにし、
ナチュラルな立ち上がりと動きを出す

アップステムで巻き収める。

01

トップから引き出した毛束を巻く方向と逆にツイストさせる。

02

アップステムで根元は重ね、毛先は逃したツイストのスパイラル巻きにする。

03

2本目も巻く方向と逆にツイストさせて、内側に向けて、1と同様にアップステムのツイストスパイラル巻きにする。

04

最初に巻いた1本を挟んで、左右互い違いに、すべて内側に向けたツイストスパイラル巻きで巻いていく。ここもアップステムで。

05

フロント側は若干ステムを下げていく。

06

トップバックもアップステムで同様に巻く。

07

ラストの逆サイドのトップバックもアップステムで巻く。

08

ロッドを配置したトップ周辺はスクーピング（間を抜く）して、フラットなピンパーマでなじませる。バックセンターからフォワードに向けて巻く。

09

パネルを間引きながら、フロントに向かって進む。バックサイドも同様にフォワードに向けたダウンステムのフラットなピンパーマ。

10

フロントも同様にフォワードにピンパーマ。

トップセクションのみ、すべて9ミリのツイストスパイラル巻き。

ダウンステムのフラットピンパーマ。

Men's Perm Book

Very Short

11 フェイスラインの厚みを確保しつつフロントセンターも同様に。

12 逆サイドもバックからフォワードに向けて、パネルを間引きながら、ダウンステムでフラットなピンパーマにする。

13 サイドも同様にピンパーマ。

14 フロントまで同様に進む。

15 巻き収まり。トップのツイストスパイラルの周りに、スクーピングのピンパーマを配置して、ストレート部分と質感をなじませる。

Rod On

Rod Out

103

Basic Style 2 ショートグラデーション Short Gradation

重くなりがちなスタイルに、レイヤーを入れて、サイドとアンダーをすっきりしたメリハリフォルムに

Men's Perm Book

CUT Process

Short Gradation

フェイスラインの生え際がM字に後退している状態にカットしてある。

切り上がり。コームの厚さ（約6ミリ）の刈り上げ面となる

1 Before。ツーブロックにしていくので、サイドのアンダーの刈り上げからスタート。コームを頭皮に平行に当てて、スクエアに刈り上げていく。

2 バックに移行。バックもコームを頭皮に平行に当てて刈り上げる。もっともスタンダードな刈り上げ面となる（刈り上げの別バージョンはP.118参照）

3 耳周りはコームで耳を倒して、生え際までシザーを入れる。

4 刈り上がったら、セニングシザーで面をぼかす。ハードさが取れて毛先が柔らかくソフトな印象になる。

5 全体的に頭の丸みに注意してコームとシザーの角度は頭皮に平行。

6 サイドのアウトラインをカット。頬骨の位置にくる長さでやや前下がりにガイドを設定。

7 バックのミドルセクションのアウトラインを設定する。リップラインの延長上でカット。

8 骨格のバランスを見ながらサイドにつなげる。

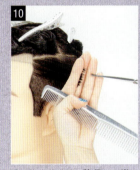
9 7をガイドに、バックセンターから縦スライスでGを入れていく。そのままサイドまで移行し、やや前へODをかけながらカットする。

10 そのままサイドへ移行し、縦スライスで、やや後ろへのODをかけながらカット

パーマ時に浮くことを計算してやや長めに設定

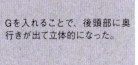
アウトラインを刈り上げ面に被る長さに設定。

Gを入れることで、後頭部に奥行きが出て立体的になった。

105

CUT Process

NG

このような通常通りのセクショニングでは薄いバングになってしまう。

ほどよい厚みがあり、左サイドから右に向かって流れやすいバングになった。

11 OK
生え際が上がっているM字バングなので、必要な厚みが確保できるまで、深くスライスを取る。

12
左から右に向かって流れるようにしたいので、右に引いて、目の下くらいの長さにカット。

13
バングをガイドに両サイドにつなぐ。

14
放射状にスライスをとり床と平行に引き出し⑨をガイドに頭の丸みを意識しながらカット。

15
そのままフロントまで進む。前へ向かうにつれて後ろへODをかけてカットする

16
トップを垂直に引き出し、動く束をイメージしてガイドを設定する。

17
バングと16のトップの長さをつなぐ。

18
これをガイドに、トップ全体をオンベースで放射状に引き出して、頭の丸みに合わせてカット。

19
30%のセニングシザーで、アウトラインの毛先をツイストセニング。アウトラインを薄くしすぎないように注意。

20
フェイスラインの重い所は中間から深めにツイストセニング。開閉3回を基本に、毛量に合わせて調整。肌とのなじみを良くする。

ドライ後の状態。ここから毛量と質感調節をしていく。

ウエットカット終了。2ブロックの刈り上げの上に、グラベースのオーバーセクションが被さる。ウエイトポイントは高過ぎず、低過ぎずにすることが大切。

Men's Perm Book

Short Gradation

グラセニングを入れた状態。この後、毛先にルーツセニングを入れてなじみをよくする。

21

ミドルセクションのグラデーション部分には、中間から毛先にかけて、グラセニングを入れて量感調節。ただしアウトラインの一線は厚みを残す。

22

フェイスラインは毛先の軽さを合わせるように、バランスを見ながらルーツセニングでカットする。

23

バングは流したい方向に向けてツイストセニングを入れる。

24

トップは放射状に中間から毛先にかけてレイヤーセニングを入れ、量感調節と束感やエアリー感を出やすくする。

25

トップのつむじ周りだけはツイストセニングを毛先に入れて、柔らかさを出す。

26

フェイスラインは、スライドカットを入れてディテールの調整をする。

27

表面の髪以外に内側からストロークカットを入れて、ほどよい立ち上がりと質感を出す。

Cut After

Cut & Styling

バングの上側の部位はフェイスラインの厚み確保のために重めにしてあるので、バランスを見ながらストロークを入れる。

カットのみの段階で、ワックスでスタイリングした状態。

PERM Process

Cut After

スパイラル巻きの強弱で、肌なじみのいい洗練された大人のウエーブスタイルに

トップの巻き終わり。トップはすべてアップステムで、根元の立ち上がりとウエーブ感を出す。

01
13ミリロッドを使用。ジグザグスライスでトップから引き出した毛束を、アップステムで根元は重ね、毛先を逃がしつつスパイラル巻き。

02
この要領で両サイドに1本ずつ、トップバックに3本巻く。両側はどちらも外側に向けて、アップステムのスパイラル巻き。

03
13ミリを使用。ここもアップステムで内側に向けてスパイラル巻きを左右1本ずつ。

04
バング上は14ミリでとる。ややダウンステムでスパイラル巻き。

05
トップのラストは斜めスライス・13ミリでアップステムのスパイラル巻き。

06
バックのミドルの1本目は14ミリ、同様のスパイラル巻き。ここからはダウンステム。

07
この要領で、サイドまですべてダウンステム、14ミリのスパイラル巻きで進む。

08
逆サイドも同様に、サイドに向かって進む。

09
サイドのミドルセクションのラストも同様に巻く。

10
ネープのアンダーは17ミリで、ダウンステムで、スパイラル巻き。

ミドルセクションの巻き収まり。ここで中間から毛先の動きを出す。

Short Gradation

Men's Perm Book

フェイスライン以外の巻き収まり。

11	12	13	14	15

耳後ろも同様に、17ミリでスパイラル巻き。	逆サイドも同様に、17ミリでスパイラル巻き。	バングはウィービング巻き。毛束を9等分して	下5/9をダウンステム、23ミリロッドで、平巻きに巻き下ろす。	フロントサイドも同様に毛束を5等分して、下3/5を、23ミリをダウンステムでウィービング巻き。

Rod On

Rod Out

Basic Style 3 ショートミディアム Short Medium

**長めレングスを、ウイービング巻きで軽くナチュラルな質感に。
ダブルバングでエアリー感を出す**

CUT Process　　　　　　　　　　　　　　　Short Medium

サイドからバックのヘムライン
が薄く、クセが出やすい状態に
なっていると設定。年齢ととも
に多くなってくるパターン。

もみあげ1線目の切り上がり。

サイドのアウトラインを設定。

1 Before。表面からは見えないが、内側（上写真）はヘムライン全体の毛量が減り、伸びも不規則になっているので、長さが不揃いになりやすい。

2 ブロッキング。サイドの耳上1線はディスコネでつなげない。薄くなっている部分だが、必要な厚みが確保できるまで、深めにセクションを取る。

3 スライスに平行に引き上げて、チョップでレイヤーにカット。しっかりとしたもみあげを作る。

4 その上のセクションを被せ、耳下から前下がりのアウトラインを設定する。

5 サイドは[4]をガイドに縦スライスでGを入れていく。やや後ろへのODをかけながら、フロント側に進む。

6 バックのアウトラインをチョップカットで設定。ここも必要な厚みを確保するために、深めにセクションを取る。

7 バックサイドのヘムラインも深めにセクションを取って、厚みを確保しつつ、バックとサイドがつながるようにカット。

8 ウエイト位置を計算しながら、Gを入れ、バックセンターのガイドを設定。ハの字スライスで[6]につなげる。

9 そのままハの字スライスでアウトラインとつなぐ。

10 [8]をガイドに頭の丸みを意識しながら放射状にスライスをとり床水平に引き出して、垂直にカット。ミドルセクションとつなぐ。

スライス線は毛量を見て取り、
全体に均一な厚みとなるアウト
ラインを作る。

CUT Process

ミドルとアンダーの切り上がり。しっかりとしたアウトラインを作り奥行きと立体感を出す。

このようにラウンドしたラインになる。ダブルバングなので、根元に浮き感が出て軽やかになる。

11

そのままフロントまで進む。前に向かうにつれて、後ろへやや ODをかけてカット。

12

ダブルバングの内側を作る。バングの1線目を薄く取る。この内側のインナーバングが、ふわっとした浮き感を作る。

13

センターに集めて、目くらいの長さでチョップカット。

14

毛先から1センチにルーツセニングを入れておく。

15

その上のセクションを被せて、表面側のバングを作る。真下に下ろし、パーマ後に目の下になる長さでチョップカット。

16

バングと両サイドをつなぐ。

17

トップのガイド設定。動きが出る長さを意識しながらカットする。

18

17をガイドにモヒカンガイドを取り、15のバングに、頭の丸みに合わせながらつなぐ。

19

18をガイドに、トップ全体をオンベースで引き出し、放射状にLを入れていく。

20

バックも同様にLを入れてつなぐ。

トップは動きが出る長さを一度確認してから、レングス設定するとイメージしやすい。

フロントの厚みをキープしつつ、トップを切っていくことが大切。

ウエットカット終了。

Men's Perm Book

Short Medium

ドライ後の状態

バックのミドルセクションもグラセニング。

フロントトップもレイヤーセニング。

21 もみあげは、コームで持ち上げて量感を見ながら、セニングを入れて毛量調整。全体に均等に入れるのではなく、多いところだけ取るようにする。

22 サイドのディスコネ上のアウトラインは、ツイストセニングで束感や動きを出しやすくしておく。ただし入れ過ぎに注意。

23 サイドはアウトラインをはずしてグラセニングを入れ、毛量調節しエアリー感を出す。

24 アンダーはアウトラインの厚みをキープ(ヘムライン1線には入れない)しつつ、根元から多めにレイヤーセニングを入れる。

25 トップはつむじ周りに注意しながら、レイヤーセニングで束感を出しつつ毛量調節をする。

26 バングは重い所を確認しながらデザインや毛流れを意識しつつスライドカット。

27 フェイスラインも重いところを確認しながら、流れを意識しつつツイストセニング。

Cut After

Cut & Styling

アウトラインの毛先をスライドカットし、さらになじみをよくする。薄くなり過ぎないように注意。

カットのみの段階で、ワックスでスタイリングした状態。

113

PERM Process

Cut After

1本目の巻き収まり。

トップのツイストスパイラル巻きの巻き収まり。

01 トップから引き出した毛束を、巻く方向（内側）と逆にツイストさせて、

02 10ミリロッド使用。アップステムで根元は重ね、毛先は逃したツイストのスパイラル巻きにする。

03 ①〜②と同様に、2本目もツイストさせて、内側に向けてスパイラル巻き。この要領で互い違いに配置し、10ミリで5本巻くが、骨格によって変動する。

04 フロント側は11ミリ。内側に向けてややダウンステムでツイストスパイラル巻き。逆サイドも同様に。

05 バングは17ミリでウイービングの平巻き。毛束を5本に分け、下3/5を巻く。毛先は左に向ける。

06 その下は20ミリで、同様に下3/5をウイービング巻き。毛先は左に向ける。流れる方向を意識する。

07 バックは17ミリで下3/5をウイービングの逆巻き。毛先は左に向ける。

08 その下も同様に17ミリで逆巻きだが、毛先は右に向ける。こうすることで、毛束がランダムに動き、ラフさが出る。

09 この要領で、毛先が互い違いに向くように巻いていく。ラストのネープは上3/5を20ミリで巻く。ここは毛先を自然に巻き上げる。

10 バックサイドは17ミリで、下3/5をダウンステムでウイービングの逆巻き。毛先は左に向ける。

トップはツイストスパイラル、他はウイービング巻きで、柔らかくナチュラルな質感を出す

モヒカンゾーンの巻き収まり。トップはツイストスパイラル巻き、フロントはウイービングの平巻き、バックはウイービングの逆巻き。

Short Gradation

逆サイド1本目の巻き収まり。同様に巻いていく。

11

2本目も同様に、17ミリでウイービングの逆巻き。毛先は右に向ける。

12

ラストのネープは20ミリでウイービングの逆巻き。ここは毛先を自然に巻き上げる。

13

逆サイドも同様に巻いていく。

14

フロントサイドも17ミリで、ダウンステムで下3/5をウイービングの逆巻きにし、毛先はリバースに向ける。フェイスライン1線は薄くはずしておく。

15

その下は20ミリで、同様にウイービング巻き。

Rod On

Rod Out

メンズならではの注意点とポイント

トップがつぶれやすく、ハチ張りが目立って、頭が四角くなりやすい。トップにレイヤーを入れて立ち上がりを出し、サイドとネープはタイトにして、縦長のフォルムに近づけることが大切。ただしミドルはGでウエイト感を作り、立体的なひし形フォルムにする。

注意点 ｜ メンズに多い、バングやヘムラインの薄さは、セクションの取り方でカバー

バング
生え際が後退してしまったM字バング。通常通りのバングセクションでは、スカスカのバングに。毛量の厚みが均等になるまで、深くセクションを取ってカットすることがポイント。

ヘムライン
サイドやネープのヘムラインが加齢と共に薄くなってしまうと、アウトラインがキープできず、スタイルに締まりがなくなる。この場合も必要な厚みが確保できるところまで、セクションを深く取る。

注意点 ｜ ダウンステムで巻くときは、指1本分ステムがアップしやすいことを理解する

OK
タイトに抑えたいメンズのヘムラインは、指1本分のステムに巻いてしまいがち。このようにロッドを持つ指を一度下にスライドさせて、頭皮に対してダウンステムを意識して巻くようにする。

NG
ありがちなNG例。このままだと指1本分、アップステムになってしまい、不要な立ち上がりがついて肌へのフィット感が損なわれる。ヘムラインはなるべくタイトにするセクションなので、ナチュラルにステムを下げることを意識する。

注意点 ｜ ヘムラインは、ターバンでステムがアップしやすいので注意！

OK
ターバン位置はこのように目ギリギリくらいでないと、ロッドを持ち上げヘムラインのステムを上げてしまう結果に。ここはお客様にも説明して、少しの間、ご協力いただくことが大切。

NG
お客様が不快にならないようにと、ターバンをぐっと上に引き上げてしまうとステムがアップし、肌へのフィット感が損なわれる。お客様自身が押し上げてしまうこともあるので注意。

ベリーショートの場合　Very Short

ポイント | デザインと髪質によって作り分ける

ソフトな刈り上げの2ブロック

ナチュラルなディスコネ

ハード2ブロック

メンズのショートはサイドが膨らんでバランスが取れないと骨格が大きく見えたり、老けて見えることがある。特にパーマスタイルでは、サイドをすっきりさせることがスーツに似合わせるポイント。そこでサイドをツーブロックにし、フォルムをタイトにする。方法としては、ソフトかハードな刈り上げや、一見ツーブロックに見えない、レイヤーのディスコネでメリハリを作ることもある。毛流、毛量を確認し、求めるデザインや毛流、毛量によってチョイスする。

ポイント | ロッド数は求める質感によってチェンジ。少なければよりナチュラル

ロッド数・多い

ロッド数・基本

ロッド数・少ない

メンズのショートはポイントパーマでも充分に、パーマの良さ（動きや束感、再現性・キープ力など）を分かってもらえる。パーマ初心者やカール感に抵抗があるお客様には、さらにロッド数が少ないパーマも可能。求めるデザイン、バランス、髪質を見極めて巻いていくことが大切。

ショートグラデーションの場合 Short Gradation

ポイント | 刈り上げのバリエーションでデザインが変わる

えぐり刈り上げ

ショートグラデーションは、ツーブロックのアンダーの刈り上げの種類で、デザインやフォルムが変化する。これは長さを残しつつ、えぐるようにラウンドさせているので、ネープがタイトに締まる。メリハリが出て、デザイン性や個性の表現、モード感がアップする。

スクエア刈り上げ

アンダーをスクエアに刈り上げ。フォルムがタイトになると同時に、ハードさやモード感が出てくる。サイドまで刈り上げるとさらにシャープで男らしい印象。スタイリッシュにしたい場合にも適している。

ラウンド刈り上げ

長さを残しながら、丸くラウンドさせた刈り上げ。一見、ツーブロックとは気づかれないくらい自然なつながりになる。ただしネープがもたつくと老けた印象になりやすいので、髪質や骨格を選ぶ。また、中性的な印象になりやすい。

ポイント

ショートグラデーションは、バングまでスパイラル巻きもアリ

ショートグラデーションは、長めのバングにパーマでニュアンスを出し、大人男子ならではのこなれ感を演出できるスタイル。P104のプロトタイプではウイービングの平巻きだったが、バングまでスパイラル巻きにして、さらに色気のあるニュアンスを作ることもオススメ。

Men's Perm Book

> 注意点 ▎**すべてがアップステムになると、ボリュームが出て「おばさんパーマ」に！**

NG

NG

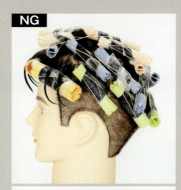
NG

NG

OK

OK

どのパーマスタイルも、最大の注意点はアウトラインをダウンステムにすること。レディースはアウトラインに丸さがあってもOKだが、メンズはNG。メンズは肌に近いほどストレートに近い質感にすることが「おばさんパーマ」にしない最大のポイント。NGとOKの違いはステムのみ。NGのように、ヘムライン側もアップステムのままだと、丸いフォルムになってしまう。

トップ以外はダウンステムにすることが大切。

ミディアムの場合　Short Medium

> ポイント ▎**フェイスラインをはずすことで、ナチュラル感を操作できる**

サイドを巻かないバージョン

▶

さらに巻かないバージョン

▶

ショートミディアムは、全体的に柔らかな質感で、ソフトで人当りのいい印象を与えるスタイル。ただし、パーマに抵抗がある方の場合は、サイドの巻き方で操作が可能。これはプロトタイプ（P110）に比べて、サイド（とフロント）のロッドを減らしたバージョン。サイドからフロントにかけてストレート感を残す面積が増えるとナチュラル感が強まる。初めてのパーマスタイルや、パーマに抵抗のあるお客様の場合は、サイドを巻かないバージョンから始めてみるといい。

\どこが違う?/
OKなメンズパーマとNGなメンズパーマ

OKのワインディングと、ありがちなNGのワインディングの差を検証してみましょう。
巻き方だけではなく、ブロッキング、ステムにも違いがあります。
同じカットベースでも、ワインディングの違いで、フォルムや質感がこのように変わってしまいます。

OK

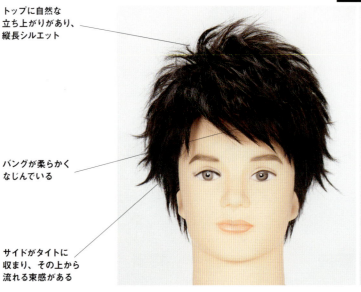

- トップに自然な立ち上がりがあり、縦長シルエット
- バングが柔らかくなじんでいる
- サイドがタイトに収まり、その上から流れる束感がある

- パーマとストレートの質感ミックスで、柔らかなエアリー感
- 後頭部のフォルムが立体的
- ヘムラインはタイトになじんでいる

Winding

Top

頭を小さく見せるために、トップセクションはハチよりもやや狭めに取ることがポイント。またトップを起点に、フロント、サイド、バックはすべて放射状に巻き下ろしている。

トップはすべてアップステム。ハチ下はダウンステムに切り替える。メンズの場合は徐々にステムを落とすのではなく、骨格に合わせて急激に切り替えることが、メリハリフォルムを作るポイント。

Stem

Wind

すべてウイービング巻き。ストレートとカールがミックスされ、自然な動きや立ち上がりになる。サイドは逆巻きでタイトに抑えつつ流れをつくる。

Men's Perm Book

Cut Base

下からL→G→Lの構成。トップは短めのレイヤーを入れて立ち上がりを出し、ミドルはGで奥行き感を出し、ネープはLで締めて立体的なシルエットに。サイドはツーブロックでタイトなフォルムにする。すべてチョップカットで毛先を柔らかくする。

メリハリのないシルエット
NG

全体に丸くボリュームがあり過ぎて、頭が大きく見える

全体に硬く、動きをあまり感じない質感

バングの根元が立ち上がってフィットしない

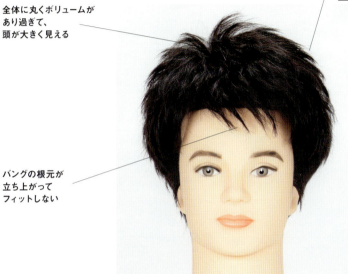 

サイドやネープのヘムラインのなじみが悪い

Winding

Top

トップをロッド幅に取る、いわゆるベーシックな巻き方。バング、サイド、バックもアップステムで平巻きにしているので上から見るとこのような四角形の配置に。角ばって大きなシルエットになる。

Stem

トップのみならず、すべてをアップステムに巻いている。レディースならば比較的OKだが、メンズの場合は頭なりのカタチになり、丸過ぎるフォルムになってしまう。

Wind

横スライスで、全頭すべて平巻き。ブロックごとに、ブロックラインに平行の横スライスを取り、毛先まで巻き込んでいる。

髪質&骨格の悩み対応テクニック

大人男子の悩みといえば、やはり髪のボリュームダウン。多毛と薄毛部分が混在し、ハチ張りやゼッペキが目立ちやすくなることも。一方、剛毛でクセが強く、洗練された大人感が出せない悩みも健在です。それらを解決できるのもカット&パーマだからこそなのです。

Case 1　ムラに生えているM字バングを、カットと部分ストパーで補正

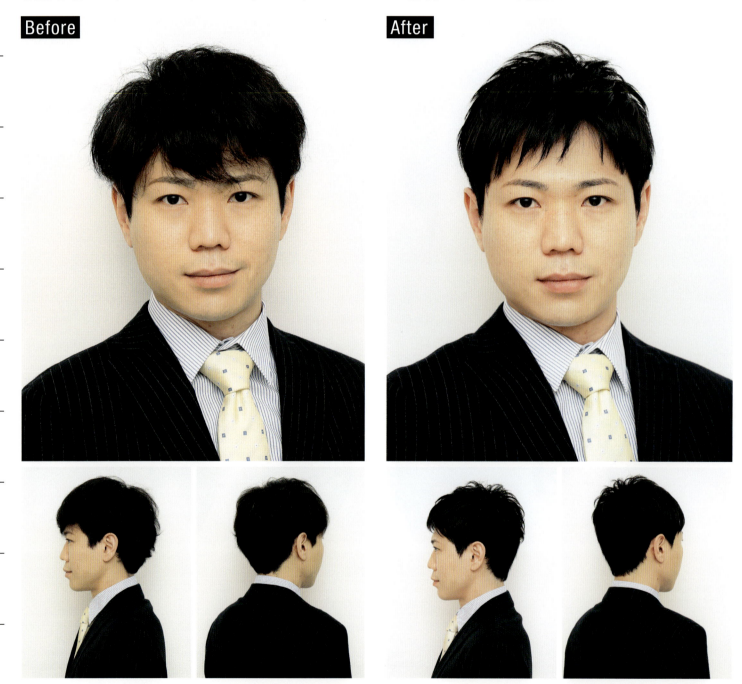

Before After

M字バングでフロントの毛量が少なくなっているが、クセが強いため膨らみやすい。骨格が丸いので横にボリュームが出やすく、頭が大きく見える。スタイリングだけで収めるのは難しい髪質。カットと部分ストパーで、すっきりと収まるフロントと縦長のフォルムを作り、全体をシャープに見せる。

Men's Perm Book

01 M字型になっていて、バングの毛量が少ない。クセも強い。

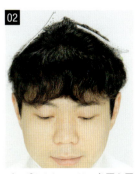
02 バングセクションは、必要な厚み（毛量）が確保できるところまで、ブロッキングを深く取る。

03 バングはクセが強いので、ノーテンションで中央に集め、センターの長さは短くし、フレア型に流れるようにチョップカット。

04 クセが強いので、落ちる位置で、ノーテンションでカットし、フロントサイドに自然につなぐ。

05 トップは、動きが出る長さに設定し、バングとつなぐ。5をガイドに、トップ全体を放射状にレイヤーカット。

06 ウエットカット終了。バングの厚みが均等になった。

07 ドライ後、クセの状態を見極めながらドライカットで動きを出し、毛量調節していく。

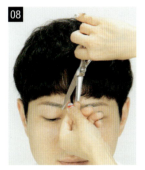
08 スライドカットで太い束を作る（細いとバングの薄さが強調される）。必ずダウンステム、自然に落ちる位置でカットすること。

09 ドライカット終了。毛量を確認しながら全体的に質感調節。より均等で軽やかな質感になった。

10 弱めのストパー剤＋サーマルペーパーで、フロントのクセを整える。まずバングセンターから。

11 フロントサイドも同様。ペーパーは、ダウンステムで自然に落ちる位置に収める。

12 逆サイドも同様に行う。トップの動きとなじむように、真っ直ぐにし過ぎず、毛流れをきれいにする感覚で。

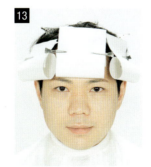
13 1剤が酸化しないように、表面をサーマルペーパーで包む。

薬剤データ
薬剤：コスメ系ストレート料
（180度以下に設定した高温整髪用アイロン使用）
1剤：自然放置5〜25分　2剤：10分〜12分

髪質&骨格の悩み対応テクニック

Case 2　O字つむじは、フォルム補正のポイントパーマで立ち上がりと奥行きを出す

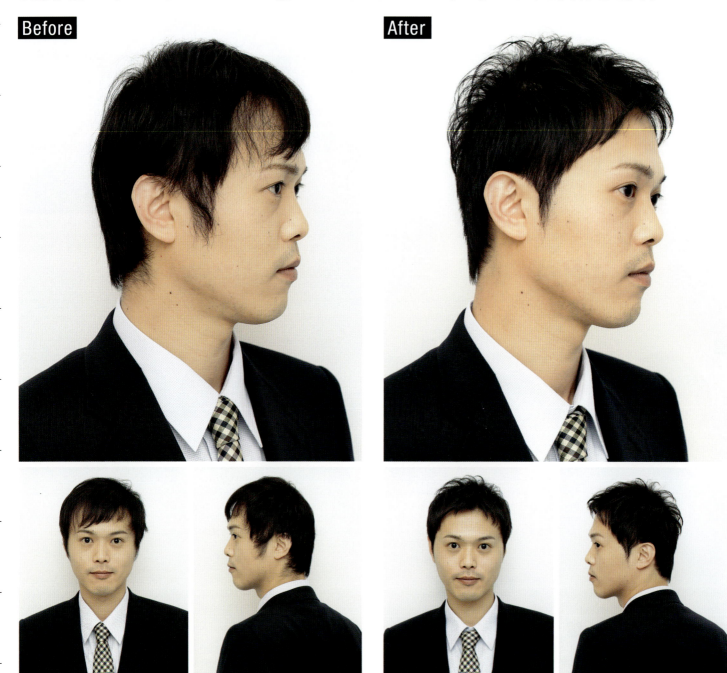

Before After

フェイスラインやつむじ周辺の毛量が少なくなってきている。細く軟毛で、トップから後頭部がつぶれやすく、ゼッペキも目立つ。カットでネープを締めて、ミドルセクションはウエイトを上げるようにカットをして奥行きを出した。後頭部のポイントパーマで根元にボリュームをプラスし、フォルムを立体的に補正。

Men's Perm Book

01
細く軟毛で、つむじ周辺のボリュームが不足し、後頭部がつぶれやすい。

02
バックのミドルセクションは、通常よりもやや高めにウエイト設定し、チョップカットでGにカット。

03
O字つむじのカバーは、やや高め位置にウエイトポイントを置くことが大切。

04
その上のセクションは床に平行に引き出し、頭の丸みを意識してカット。放射状にサイドまでカットしていき、後頭部の立体感を作る。

05
トップは垂直に引き出し、動きを確認して長さを決め、SL(セイムレイヤー)にカット。トップ全体を放射状にカットするが、つむじ部分はカドをとる程度に。

06
ドライ後、後頭部に必要な部位取り分けておき、それ以外の部分を毛量&質感調節。まずアウトラインをツイストセニングで肌になじむように軽い質感にする。

07
アンダーセクションの毛量がたまりやすい場所は根元付近からコームですくいながらセニング。ネープはタイトに締めて、フォルムにメリハリを出す。

08
取り分けておいたつむじ部分は、毛先にのみ、ツイストセニングを入れて、動きが出やすい状態にしておく。

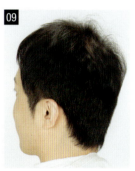
09
カット終了。後頭部がだいぶ立体的になった。

10
つむじ部分を中心に、ポイントパーマをかける部分をブロッキング。

11
17ミリで1本目は90度で前に、2本目からは後ろに向けて、すべて内巻になるように、アップステムの平巻き。3本目、4本目はさらにアップステム。

12
なじませのために、11の両サイドにも1本ずつ巻く。同様に17ミリ、アップステムの平巻き。

13
すべてアップステムで巻く。

14
つむじ中心に縦に4本+両サイドに1本ずつロッド配置。毛量が少ないのでクレバスがつかないように、すべてジグザグスライスで取ることが大切。

[応用]

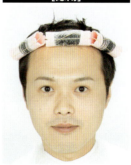
フロントが額に貼り付くと清潔感に欠けるので、フロントはビッグロッド(26ミリ)でナチュラルに巻き下ろし、根元の立ち上がりだけをつける。

薬剤データ
薬剤：チオシス系1剤
1剤：1剤自然放置10分　**2剤**：5分+5分

125

髪質&骨格の悩み対応テクニック

Case 3 部位によって髪質が違う「ミックス毛」を、ストパー感覚のビッグロッド使いで整える

Before

After

Before After

フェイスラインとヘムライン、ネープは軟毛で細くクセ毛、ミドルセクションは毛量が多く直毛、という部位によって髪質が違うミックス毛。年齢を重ねると多くなってくるタイプ。この場合は暴れる部分をカットでできるだけ取り去り、ゆるやかなカールをつける感覚の太めロッド使いで、全体の量感&質感を均一にするとまとまりやすくなる。

Men's Perm Book

01 ブロッキング。毛量が少ないヘムラインは、必要な厚みが確保される位置まで深く取る。

02 サイドのアウトラインを設定する。サイドをチョップカットで前下がりラインにカット。

03 切り上がり。イア・トゥ・イア側から縦スライスを取り、2をガイドにGを入れる。

04 バックのアウトラインを設定。斜め前方に引き出し、サイドにつなぐ。

05 アウトラインの切り上がり。加齢のため毛髪の伸びる速度に差が出てうねりがあり、部位によって髪質が違うミックス毛。毛流や毛量によってアウトラインの厚みを確認してからカットする。

06 バックのミドルセクションは4をガイドにGでカット。サイドまで進む。イア・トゥ・イアより前は、後ろへのODをかける。

07 トップは動きが出やすい長さを見極めて、ガイドを設定する。これをガイドにトップ全体を放射状にLを入れていく。バングも厚みを確保してカット。

08 ドライ後。ネープは厚みを残したいので、毛先のみスライドカットでなじみをよくする。

09 ミドルセクションは根元付近からグラセニングで毛量を取るが、アウトライン側は入れずに厚みをキープ。

10 カット終了。ヘムラインのクセ部分を取り去ったので、サイドとネープは肌なじみがよくなった。ミドルとトップには動きが欲しい。

11 フロントサイドは23ミリで、ダウンステム、ウィービングの逆巻きにし、タイトに。

12 フロントは32ミリ、クセを伸ばしながら、ダウンステムでゆるい内巻きにする。

13 巻き上がり。バングは32ミリ、モヒカンゾーンは17〜20ミリでウイービング巻き。バックサイドは23〜26ミリで、すべてウイービングの逆巻き。

14 巻き上がり。ネープは29ミリで毛先が曲がる程度にウイービングの逆巻きにする。

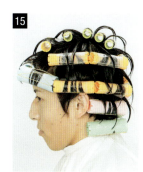
15 巻上がり、サイド。タイトに抑えたいフロントサイド（もみあげ部分は）は23ミリを使用。

薬剤データ
薬剤：クリームシス
1剤：加温10分　**2剤**：5分＋5分

髪質&骨格の悩み対応テクニック

Case 4 硬毛で直毛、立ち上がって膨らむ悩みを、ストパーとロッドのミックスで解決する

Before **After**

Before After

毛量が多く硬毛で直毛、立ち上がりが強い髪質。フォルムが膨らんでしまうので、ハチ張りが強調されてしまうのが悩み。アンダーセクションは部分ストパーでふくらみを抑えて、オーバーセクションはロッドのパーマで、縦長のコンパクトなフォルムと、トップの柔らかな動きの両方を実現させる。

Before **After**

01 カット終了状態。バックからL→G→Lでカット。ネープを締めて奥行きを出し、立体的なフォルムに。ハチ部分がコンパクトになった。

02 ネープやヘムラインをスッキリさせて、シャープで爽やかな雰囲気になった。しかしカットだけでは、髪質的に2〜3週間しか収まった状態にならない。

03 ハチでブロッキングし、アンダーセクションにストパーをかける。根元付近から毛先まで、ダウンステムで塗布していく。

04 ストパー後、バックトップからウイービング巻きで、下3/5を平巻きで巻く。1〜2本目は17ミリでアップステム、3本目は20ミリでダウンステム。

05 フロント側もウイービング巻き。1本目のアップステムから、前に向かうにつれて徐々にステムを下げていき、バングは29ミリでダウンステム。

06 ロッドの周辺は、ピンパーマでストレート部分となじませる。すべてダウンステムのリバース巻き。

07 バックも同様に、左右からセンターに向けてリバース巻きのピンパーマ。

08 ロッドオン・正面。バングは根元付近の立ち上がりだけが欲しいので、ビッグロッドで。

09 サイドまで巻くか、巻かないかでデザインが変わってくる。ここでは、ふくらみを抑えるためにハチ下は部分ストパーにしている。

10 ロッドオンを上から見たところ。センターはハチよりもやや内側に取ってハチを抑え、ピンパーマでなじませている。

薬剤データ
薬剤：ロッド／チオ系1剤
　　　ストパー／チオ系縮毛矯正剤
タイム：ロッド／1剤10分(加温)　2剤10分+5分
　　　　ストパー／1剤10分(自然放置)　2剤10分

Case 5 クセが強く暴れる髪質を、ストパーの使い分けで、なめらかで柔らかい動きに

Before

After

Before After

普通毛だが量が多く、クセがとても強いのでボリュームが出やすい髪質。ハチも張っているため、フォルムが四角く膨らみやすい。カットで毛量をコントロールした上で、ストパーを使い分けて、アンダーセクションはすっきりタイトに、オーバーはなめらかな動きと立ち上がりが生まれるようにする。

Before

After

01 カット終了。ツーブロックでサイドとネープは締めるが、フロントは長めに残し、スポーティになり過ぎないようにしている。削ぎを多めに入れて、毛量調整。

02 ブロッキング。モヒカンゾーンをハチよりもすこし内側に取る。

03 ストパー剤をハチから下のセクションに、根元の膨らみを抑えながら塗布。ハチ下の余分なボリュームを抑える。

04 ハチの塗布終了。このようにハチ下部分は根元を抑えながら塗布する。

05 モヒカンゾーンは、同じストパー剤をアップステムで塗布。クセを伸ばすように塗布していくが、根元はつぶしたくないので、根元付近には薬をつけない。

06 全頭塗布終了。モヒカンゾーンはこのようにアップステムで根元が立つようにしておく。

07 モヒカンゾーンは塗布部分を指でなじませ、浸透させる。

08 モヒカンゾーン部分にサーマルペーパーを貼っていく。サーマルペーパーをビッグロッド代わりに用いてクセを伸ばすので、アップステムで重ねていく。

09 このように同じストパー剤だが、ハチ下はボリュームダウンさせ、ハチ上は根元をつぶさずクセのみが伸びるように使い分ける。

10 フロントは、サーマルペーパーを、根元がナチュラルに立ち上がるステムにする。

薬剤データ
薬剤：チオ系縮毛矯正剤
1剤：自然放置10分　2剤：10分

スーツ姿を大人かっこよくするカット&パーマ

大人男子のパーマBOOK

Profile
加藤孝子
Takako Kato_ROOTS

「ROOTS」代表。静岡県出身。高山美容専門学校卒業後、都内3店舗を経て、2003年に渋谷公園通りに「ROOTS」をオープン。確かな技術力と鋭い洞察力、明るくオープンな人柄で、男女問わず幅広い年代層の顧客を持つ。特にメンズヘアにおいては、一般誌、業界誌共に圧倒的な支持を得ている。レディースヘア&メンズヘアのセミナーを全国各地で多数開催中。

All Hair Design Technique
加藤孝子　Takako Kato_ROOTS

Wig Making
小林秀徳　Hidenori Kobayashi
平野友美　Tomomi Hirano
渡辺裕輔　Yusuke Watanabe_ ROOTS, all the members

Hair Color
丸山 翔　Sho Maruyama
渡辺翔太　Shota Watanabe
長谷川 裕　Yutaka Hasegawa_ ROOTS, all the members

Art Director
大塚 勤　Tutomu Otsuka_COMBOIN

Illustration
オオツカユキコ　Yukiko Otsuka

Photographer
新 龍二　Ryuji Atarashi_Shinbiyo Shuppan

Editor
佐久間豊美　Toyomi Sakuma_Shinbiyo Shuppan

衣装協力
Studio Route134 -HAYAMA-
神奈川県葉山町堀内997-19
TEL：046-874-7434

定価(本体3800円+税) 検印省略
2014年9月26日(第一刷発行)
2015年5月15日(第二刷発行)

著者　加藤孝子

発行者　長尾明美

発行所　新美容出版株式会社
〒106-0031　東京都港区西麻布1-11-12
書籍編集部　TEL：03-5770-7021
販売部　TEL：03-5770-1201　FAX：03-5770-1228
http://www.shinbiyo.com
振替　00170-1-50321

印刷・製本　三浦印刷株式会社

ROOTS&SHINBIYO SHUPPAN Co.,Ltd.
Printed in Japan 2014

この本に関するご意見、ご感想、
また単行本全般に対するご要望などを、
下記のメールアドレスで受け付けております。

post9@shinbiyo.co.jp